»Ich war auf düstere Weise fasziniert von der Hinterlassenschaft des Krieges, wie sie sich im Hamburger Hafen und in der Elbe zeigte«, berichtet Siegfried Lenz über seine ersten Eindrücke von der Stadt, die ab 1945 seine neue Heimat werden sollte. Der Roman *Der Mann im Strom*, erschienen 1957, spielt in der Zeit des Wiederaufbaus und erzählt von den schwierigen Schiffsbergungen im Hafen. Im Zentrum steht der alte Taucher Hinrichs, ein Mann, »der zu alt ist, den niemand haben will, und der im Verlangen nach Arbeit sein Geburtsdatum im Taucherbuch fälscht und zu einem neuen, tragischen Anfang kommt. Es ist, in gewisser Hinsicht, das Thema des alten Angestellten heute, seine Kümmernisse, seine Risiken, demonstriert am Schicksal des alten Tauchers und an seinem großen Gegner: einem Wrack«, so Lenz über seinen Roman.

Siegfried Lenz, 1926 im ostpreußischen Lyck geboren, gestorben 2014 in Hamburg, zählt zu den bedeutendsten und meistgelesenen Schriftstellern der Nachkriegsliteratur. Seit 1951 veröffentlichte er alle seine Romane, Erzählungen, Essays und Bühnenwerke im Hoffmann und Campe Verlag. Für seine Bücher wurde er mit vielen wichtigen Preisen ausgezeichnet, u. a. mit dem Goethepreis der Stadt Frankfurt am Main, dem Friedenspreis des Deutschen Buchhandels und mit dem Lew-Kopelew-Preis für Frieden und Menschenrechte 2009.

SIEGFRIED LENZ

Der Mann im Strom

Roman

Hoffmann und Campe

1. Auflage 2020
Copyright © 1957 Hoffmann und Campe Verlag, Hamburg
www.hoffmann-und-campe.de
Umschlaggestaltung: Rothfos & Gabler, Hamburg
Umschlagabbildung: © DEEPOL by plainpicture / Steve Woods Photography
Satz: pagina GmbH, Tübingen
Gesetzt aus der Minion Pro
Druck und Bindung: GGP Media GmbH, Pößneck
Printed in Germany
ISBN 978-3-455-00580-6

HOFFMANN
UND CAMPE

Ein Unternehmen der
GANSKE VERLAGSGRUPPE

Er lag ruhig im Sand, er lag allein in der Dunkelheit vor dem Strom, sein Kopf ruhte in den aufgestützten Händen, und sein Blick lief über das Wasser, ernst und genau. Es war trübes, drängendes Wasser, das der Strom heranbrachte, es floß glatt vorbei und schnell, es floß vorüber ohne Strudel und Behinderung, und der Junge blickte darüber hin zum anderen Ufer. Er beobachtete die Lichter unterhalb der Böschung, er verfolgte ihre Bewegungen, die Lichter kreuzten und schnitten sich, sie wanderten starr und sanft durch die Dunkelheit, grüne und gelbe Lichter. Und dann sah er, wie ein Dreieck aus Lichtern sich von der Böschung löste, es löste sich von den anderen Lichtern, es löste sich von der Stadt und ihrer hohen Helligkeit, die hinaufzureichen schien bis in den Himmel, und drehte in den Strom.

Das Lichterdreieck der alten Fähre kam schräg auf ihn zu, lautlos und langsam, es bewegte sich mit feierlicher Starrheit durch den Abend über dem Strom, und der Junge sah der Fähre entgegen und blieb liegen im feinen, kalten Sand.

Er wartete, bis die Fähre festmachte am Holzsteg, er verfolgte ruhig, wie sie die schweren Manila-Trossen von Bord aus über die Poller warfen; die letzte Bewegung der Fähre fing sich jetzt in den Leinen, sie kam zur Ruhe, sie lag knarrend und scheuernd am hölzernen Landungssteg.

Es stieg nur ein Mann aus, ein hochgewachsener, magerer

Mann, er trug eine alte Lederjoppe, Baumwollhosen, genagelte Stiefel, er ging über die Laufplanke und den Steg hinab, er ging den Uferpfad entlang und bog dann ab zu dem alten Haus auf dem Sandhügel. Der Junge sah ihn den Pfad heraufkommen, er erkannte ihn sofort; er erhob sich und lief die Rückseite des Sandhügels hinauf, und als der Mann den kleinen Schuppen erreicht hatte, stand der Junge in der dunklen Stube am Fenster und sah hinaus. Er sah, wie der Mann am Schuppen stehen blieb, nur sein Oberkörper ragte aus dem Schatten heraus, er stand einsam und unbeweglich da und blickte zur Fähre zurück, die losgemacht hatte und schräg gegen die Strömung mahlend davonfuhr.

Das Haus war klein, es war niedrig und zeitgeschwärzt, und es lag allein auf einem Sandhügel, von einem schäbigen Zaun bewacht, der an der Rückseite aufhörte. Auf der Rückseite war ein offener Platz, zugig und sandüberweht, mit wenigen Schritten zu überqueren, und da stand der Schuppen, da lagen Holz und alte Bootsteile, und auf der Rückseite war auch der Eingang.

Der Junge wartete, bis der Mann aus dem Schatten hervortrat und auf das Haus zuging, und als er die genagelten Stiefel auf dem Steinflur hörte, lief er nach hinten und schlüpfte unter die Bettdecke. Er rollte sich zusammen, nur sein junges, ernstes Gesicht und das sonngebleichte Haar sahen unter der Decke hervor, seine Hände waren zu Fäusten geballt und gegen den Leib gepreßt. Als das Licht aufflammte, warf er sich auf die Seite und zog die Decke nach. Er zog sie ganz über den Kopf und beobachtete durch einen schmalen Spalt den Mann, und er sah, wie der Mann die Joppe auszog und sie an einen Haken hängte, und wie er in eine Tasche der Joppe griff und einen Packen Papiere herausholte. Der Mann ließ die Papiere durch seine Hände gleiten, er betrachtete und prüfte sie der Reihe nach, weiße, blaue Papiere, dann stopfte er sie, bis auf ein blaues Heft, wieder in die Tasche zurück und ging langsam zum Fenster. Er hob eine Fußbank auf, stellte sie vor eine Kiste, die mit bedrucktem Wachstuch bedeckt war, und setzte sich hin. Er legte sein blaues Taucherbuch auf die Kiste und begann zu blättern, er las mit ausdruckslosem Gesicht alle Eintragungen, und es war sehr still in der Stube. Und nachdem er alles gelesen hatte, blätterte er zur ersten Seite zurück, preßte das Buch mit der Hand auseinander und ließ es aufgeschlagen vor sich liegen. Dann stand er auf und zog eine Rasierklinge aus dem Spiegelrand, er holte Tinte vom Küchentisch, er holte ein Messer und ein Stück Holz und legte alles auf die Kiste.

Der Junge vergrößerte den Spalt zwischen Decke und Bett, und jetzt sah er, wie der Mann die Rasierklinge mit dem Messer in ein Holzstück klemmte und sie vorsichtig auf das Papier setzte, seine Finger bewegten sich, ein dünnes, kratzendes Geräusch entstand, und während er von Zeit zu Zeit die Papierkrümel auf die Erde blies, blitzte die Rasierklinge schnell und scharf auf.

Das Gesicht des Mannes war weit nach vorn gebeugt, er sah sehr alt aus mit seinem mageren Nacken, mit dem dünnen Haar und den großen, rissigen Händen, die das Holzstück mit der Rasierklinge führten; er hat in seinem ganzen Leben noch nie so alt ausgesehen, dachte der Junge, sein Hals ist alt, sein Rücken ist alt, alles an ihm.

Die Rasierklinge fuhr fein und energisch über das Papier, es war gutes Papier, glattes Vorkriegspapier, das kaum faserte, und die Ecke der Klinge biß sauber an einer Zahl herum, folgte sorgfältig ihrem Bogen, tilgte sie aus, und dann setzte die

Klinge bei einer anderen Zahl an, ein kleiner Druck zwang sie ins Papier, sie bewegte sich, scharf und blitzend, sie kratzte sich mit all ihrer wunderbaren Schärfe durch die zweite Zahl hindurch und löschte sie aus. Von den vier Zahlen waren jetzt nur noch zwei übriggeblieben, sie allein standen noch für das Geburtsjahr, und der Mann blies über die leere Stelle und säuberte mit dem Handrücken nach. Er schob das Taucherbuch dicht unter die Lampe, hob es hoch, hob es nah vor die Augen und begutachtete die leere Stelle: sie war nicht makellos, sie hatte ein paar rauhe Kratzer, aber die beunruhigten den Mann nicht. Er legte das Taucherbuch wieder auf die Kiste und nahm das Messer in die Hand, es war ein großes Messer mit breiter, starker Klinge, und er umschloß es fest mit seinen Fingern und drückte die flache Klinge auf die leere Stelle. Das tat er mehrmals, dann ließ er die flache Klinge über die Kratzer gleiten, immer nach einer Seite, und schließlich erhob er sich und preßte die Klinge mit aller Kraft auf das Buch: jetzt waren die Rauheiten und Kratzer verschwunden. Er ließ das Buch aufgeschlagen liegen. Er holte sich eine halbe Zigarette aus der Joppe und zündete sie an, setzte sich wieder auf die Fußbank und rauchte und blickte unverwandt auf die unvollständige Zahl.

Plötzlich kniff er die Zigarette aus und warf die Kippe auf das Fensterbrett, er zog sich die Tinte heran, einen Federhalter, ein Blatt Papier, und während er in das Taucherbuch starrte, begann er zu schreiben. Er schrieb Zahlen, er schrieb sie unter- und nebeneinander, verglich sie mit angestrengtem Gesicht, und auf einmal schob er das Übungsblatt zur Seite und schrieb zwei neue Zahlen in das Taucherbuch. Er war wieder geboren.

Er wartete, bis die Tinte eingezogen war, wischte sich die

Hände an den Hosen ab, legte Messer, Rasierklinge und Tinte weg, und dann schwenkte er das Buch hin und her und drückte es zuletzt behutsam gegen die Fensterscheibe.

Der Junge bewegte sich unter der Decke und versuchte, den Spalt nach oben zu vergrößern; er fingerte vorsichtig herum, aber da wurde die Decke jäh von ihm fortgerissen, so daß er bloß da lag. Der Mann ließ die Decke auf den Boden fallen und stand groß neben dem Lager des Jungen und blickte auf ihn herab, blickte auf die angezogenen Beine, auf den Leib, auf die zur Abwehr erhobenen Hände, und er bückte sich und bog die Hände des Jungen auseinander und setzte sich neben ihn. Er hielt die dünnen Handgelenke umschlossen und sagte:

»Warum schläfst du nicht?«

Der Junge schwieg und sah ihn unentwegt an.

»Antworte«, sagte der Mann.

»Ich war unten am Steg«, sagte der Junge. »Ich habe auf dich gewartet.«

Der Mann ließ die Handgelenke des Jungen los, er erhob sich, er nahm die Decke auf und breitete sie über den Jungen aus, und dann sagte er:

»Du bist noch jung, Timm. Du mußt viel schlafen.«

Sie blickten einander an, sie sahen sich ruhig und abwartend in die Augen, der Mann hielt das blaue Taucherbuch in der Hand, und plötzlich änderte sich sein Blick, er wurde mißtrauisch und prüfend, er entdeckte den Mitwisser.

»Du hast es gesehen, Timm.«

»Ja, Vater«, sagte der Junge. »Ja.«

»Du verstehst nichts davon«, sagte der Mann, »das sind keine Sachen für dich.«

»Ja.«

»Du wirst mit keinem Menschen darüber reden, Timm. Du

wirst auch deiner Schwester nichts sagen. Lena braucht das nicht zu wissen. Das mußt du mir schwören.«

»Ich werde es keinem erzählen«, sagte der Junge. »Das schwöre ich.«

»Da«, sagte der Mann, »nimm das Buch.«

Timm zögerte.

»Nimm das Buch«, befahl der Mann.

Der Junge gehorchte und nahm das Taucherbuch in die Hand. Seine Finger zitterten, er sah ratlos aus, er wollte das Buch auf das Kopfkissen legen, aber der Mann befahl ihm, es zu öffnen.

»Schlag es auf«, sagte er.

Timm schlug das Buch auf, ohne es anzusehen.

»Siehst du was?«

Der Junge warf einen schnellen, scheuen Blick auf das Buch und sah sofort wieder zu dem Mann auf und schüttelte den Kopf.

»Du sollst genau hinsehen«, sagte der Mann. »Du sollst es untersuchen. Laß dir Zeit dabei.«

»Dein Bild«, sagte der Junge. Er zeigte rasch auf die alte, eingestanzte Photographie, die einen jüngeren Mann zeigte, forsch lächelnd, gesund und wohlgenährt.

»Ja«, sagte der Mann. »Das ist mein Bild, du kennst es. Ein feines Bild, was? Das ist achtzehn Jahre her. Aber sieh dir nicht das Bild an, Junge, halt dich nicht damit auf. Du weißt genau, was wichtig ist, worauf es uns beiden ankommt.«

»Du hast radiert«, sagte der Junge, »mit einer Rasierklinge.«

»Wo?«

»Ich weiß nicht«, sagte Timm.

»Dann such es, Junge; komm, zeig mir die Stelle, wo ich

radiert habe. Sieh dir alles genau an, so wie die andern es sich ansehen werden. Sag mir, ob man die Stelle erkennt.«

Timm hielt das Buch so, daß das Licht der elektrischen Birne auf das Papier fiel, er sah die neue Zahl im Geburtsdatum, er entdeckte, daß die Rasierklinge hier gearbeitet hatte, aber er tat, als mache es ihm Mühe, die Stelle herauszufinden. Schließlich deutete er mit dem Finger auf die neue Zahl und sagte:

»Hier.«

»Ja«, sagte der Mann, »da ist es. Glaubst du, daß sie es finden werden?«

»Es ist schwer zu erkennen«, sagte der Junge. »Wer es nicht weiß, findet es nicht so leicht.«

»Gott sei Dank«, sagte der Mann. »Ich habe die Geburtszahl geändert, Timm, ich habe mich ein paar Jahre jünger gemacht, und vielleicht werden sie mir jetzt Arbeit geben.«

»Warst du wieder umsonst da?«

»Ja, Junge, es war wieder nichts. Sie brauchen überall Leute heutzutage, sie können nicht genug bekommen, aber sie wollen alle nur jüngere haben. Den Jüngeren brauchen sie weniger zu zahlen, das ist das Entscheidende. Wenn sie einen Alten einstellen, dann müssen sie ihm mehr geben, dann können sie ihm weniger sagen, und vor allem wissen sie nicht, wie lange ein Alter noch bei ihnen bleibt. Bei einem Alten ist zuviel Risiko, der rentiert sich nicht genug. Du kannst dir nicht vorstellen, wie das ist, wenn man zum alten Eisen geworfen wird. Sie sind alle sehr höflich zu dir. Sie behandeln dich, wenn du hinkommst, sehr eilig, und sie sagen auch nicht gleich, was los ist. Zuerst schicken sie dich von einer Personalstelle zur andern, und sie sind alle sehr anständig und bieten dir einen Platz an, und sie meinen alle, daß sie sehr viel tun wollen für dich, und sie reichen dich mit sehr großen Hoffnungen weiter. Du darfst auf den verschiedensten Stühlen sitzen, und du kannst nichts sagen, weil sie heutzutage sehr höflich sind, und wenn du endlich etwas sagen willst, dann merkst du, daß du schon draußen stehst in der Sonne und daß ein höflicher Portier dir nachsieht. Und bei allem hast du nicht einmal gespürt, daß sie dich unentwegt taxiert haben und daß sie dir nicht mehr zugestehen konnten als den Wert für altes Eisen. Das Wrack steckt zu tief im Schlick, eine Bergung ist nicht rentabel. Du gehst sogar weg mit dem Gedanken, daß sie nur dein Bestes wollen, wenn sie dir keine Arbeit geben, sie schicken dich weg aus lauter Güte und Rücksicht, weil sie dir die Arbeit nicht zumuten möchten; denn gerade die Arbeit eines Tauchers verlangt viel und macht einen Mann fertig, und sie wissen aus sehr zuverlässigen Gutachten, daß ein Taucher mit fünfzig eine Menge Stickstoff im Blut hat und ein Risiko ist.

Aber ich gebe es nicht auf, ich kann es noch nicht aufgeben, weil wir noch allerhand brauchen, Lena und du, und darum werde ich noch einmal hingehen, Junge, zu einer anderen Firma. An der Ostküste kannten sie mich, aber hier, in der Stadt, weiß kaum einer, wer ich bin. Ich werde es schaffen, Timm.«

»Sie werden es nicht merken, Vater«, sagte der Junge. »Wer es nicht weiß, findet es nicht.«

Sie schwiegen, denn sie hörten einen leichten Schritt; sie blickten zur Tür, und die Tür öffnete sich nach einer Weile, und Lena kam herein. Sie war sehr jung und blaß, sie hatte schwarzes, kräftiges Haar und hochliegende Backenknochen. Lena war neunzehn und erwartete ein Kind. Sie blieb neben der Tür stehen und sah zu dem Mann und dem Jungen hinüber, sie sah sie erwartungsvoll an aus ihren schwarzen Augen, und als keiner von ihnen sprach, sagte sie:

»Ich schlief schon. Ich träumte, es sei jemand gekommen.

Dann wachte ich auf und hörte euch sprechen. Soll ich Tee kochen, Vater?«

»Nein«, sagte der Mann, »nein, Kind. Wir gehen jetzt alle schlafen. Ich bin zufrieden heute, oh Gott, seitdem wir hier sind, bin ich zum erstenmal zufrieden.«

»Ich habe dein Bett schon gemacht«, sagte das Mädchen.

»Gut«, sagte er, »ich gehe hinauf.«

Der Mann stand neben dem Bett des Jungen, er stand unschlüssig da für einen Augenblick, aber plötzlich streckte er seine Hand aus, die große, braune, zitternde Hand, er streckte sie dem Jungen hin in lächelndem Komplizentum, und der Junge ergriff sie und begrub darin sein Gesicht. Dann ging der Mann zu Lena und legte ihr die Hand auf die Schulter, er spürte, wie das Mädchen zitterte, er spürte alle Angst und Erwartung aus ihr heraus, und er lächelte in unerwarteter Zuversicht, und beide gingen hinauf.

Die Barkasse hatte Verspätung. Sie trieb mitten im Strom mit gestopptem Motor, sie konnte nicht anlegen, denn der ganze Landungssteg war abgesperrt. Ein gewissenhaft errechnetes Geviert um den Landungssteg wurde von ausgewählten Polizisten freigehalten: die Polizisten waren blond und freundlich, sie waren gutgelaunt, sie trugen ausnahmslos neue Uniformen. Hinter ihnen stauten sich die Zeitgenossen, und manche fragten die Polizisten, was hier geschehen werde, und die freundlichen, blonden Polizisten gaben unermüdlich Auskunft und wiesen auf den roten Kokosläufer, der den Landungssteg bedeckte. Und sie deuteten auf die behagliche und saubere Regierungsbarkasse, die wohlvertäut am Landungssteg lag. Ihr stand es zu, hier festzumachen, sie war schneeweiß, sie war gewohnt, kostbare Fracht zu tragen; die andern Barkassen mußten sich ein Weilchen gedulden.

Der Mann erkannte seine Barkasse im Strom, er sah, daß sie sich treiben ließ und auf das Ablegen der Regierungsbarkasse wartete, er brauchte sich nicht zu beeilen. Er fühlte nach dem blauen Taucherbuch in der Joppentasche, es steckte noch im Briefumschlag, es steckte zusammen da mit dem Einstellungsbescheid und der Lohnsteuerkarte, dicht neben den Zigaretten. Und er dachte, während seine Finger auf dem alten Briefumschlag lagen, an den Augenblick, als er das Buch aus der Hand gegeben hatte, er dachte an das Mädchen im Kontor, an die freundliche Gleichgültigkeit, mit der sie die Daten aus dem Taucherbuch abgeschrieben hatte, sie hatte nicht einmal zurückgefragt, sich nicht einmal vergewissern müssen. Nachdem sie über das Geburtsdatum hinausgelangt war, hatte er versucht, ihr eine Zigarette anzubieten, aber sie hatte abgelehnt, mit freundlicher Gleichgültigkeit gedankt. Zum Schluß hatte sie ihm alles in die Hand gelegt, alle Papiere, die er brauchte, und auf seinen Gruß hatte sie sehr korrekt und sehr minimal genickt. Über ihrem Schreibtisch hing ein Schild, mit dem eine große Zeitung zu einer Freundschaftskampagne in der Stadt aufgerufen hatte: SEI GUT ZU DEINEM NÄCHSTEN, warb das Schild.

Der Mann stand mit den andern vor dem reservierten Geviert und wartete, immer mehr Zeitgenossen blieben stehen, immer mehr traten hinzu und beschlossen zu bleiben. Und dann wurden sie entschädigt für ihr Warten, wurden schön und angemessen belohnt: zuerst hielt ein kleineres Auto, und ihm entstieg der Protokollchef. Der Protokollchef war ein gutaussehender Mann, er war schlank, er trug einen taubenblauen Anzug, und sein Haar war grau über dem schmalen, jungen Gesicht. In seiner Begleitung befanden sich zwei ebenfalls gutgekleidete Herren, sie waren kräftiger als der Protokollchef, sie hatten einen anderen Gang als er, sie trugen ihre Sonntagsanzüge. Mit ihnen ging der Protokollchef zur Regierungsbarkasse hinab, hier traf er letzte Anordnung, gab letzte Weisung, und die Herren in den Sonntagsanzügen prüften noch einmal die Sicherheit der Laufplanke, prüften die Kissen auf den Bänken und die Lage der Bodenmatten, und plötzlich waren sie verschwunden.

Dann kam das große Auto mit dem ersten Bürgermeister. Auch der erste Bürgermeister war ein gutaussehender Mann, er war kleiner als sein Protokollchef, er war beleibt und älter, aber sein Gesicht war von einprägsamer Gesundheit, es war frisch, es war sonngebräunt, es war weltoffen wie die Stadt, der er vorstand. Der erste Bürgermeister hatte kaum seinen Wagen verlassen, als eine Autokolonne mit Sirengeheul anfuhr, alles war abgestimmt, alles war sorgsam berechnet in dieser Stadt – es hatte hier nie an fleißigen Rechnern gefehlt, an blonder Zuverlässigkeit. Die Kolonne hielt, und die freundlichen Polizisten stemmten sich gegen die Zeitgenossen, die herandrängten, die jetzt sehen, die entschädigt werden wollten für ihr Warten.

Der Protokollchef war schweigend empfangen worden, auch der Bürgermeister war schweigend empfangen worden, aber für den, der jetzt aus seinem Auto stieg, rührte sich leichter Beifall, ihm wurde gewinkt, ihm galten die sachlichen Willkommensrufe. Er stand klein und grazil vor seinem Auto, er war kein so gutaussehender Mann wie der Protokollchef, aber er war ein mächtiger Mann, ein reicher Mann, an dessen Name sich Ferne und Legende band. Er hatte ein faltiges, melancholisches Erdnußgesicht, seine Augen blickten schwermütig, die kleine Hand hielt einen kostbaren Stab, und in seinem wilden Ziegenbart schimmerte feines Öl unter der gemäßigten nordischen Sonne, einer Sonne, die er nicht kannte. Daheim, im fernen Bereich seiner Herrschaft, auf seinen glühenden afrikanischen Savannen, war die Sonne Gegner und Widersacher, helle Würgerin, feurige Regentin, gnadenloser noch als er; hier war sie erträglich und lau, hier war sie nicht dazu angetan, Leidenschaft zu wecken, träumerische Dumpfheit hervorzurufen, Verfallenheit, hier nicht. Und er blickte einmal zu ihr hinauf, der kleine schwermütige Monarch, blickte mit flüchtiger Nachsicht in ihren nordisch-milchigen Kreis, dann dankte er mit leichter Verwunderung für den sittsamen Beifall und empfing den präparierten Gruß des ersten Bürgermeisters.

Der Bürgermeister sprach blauäugig und laut auf ihn ein, der Monarch lauschte ausdruckslos, lauschte ohne Bewegung, und nach der Rede drückte er dem Bürgermeister die Hand, und sie gingen über den roten Kokosläufer hinab zu der Regierungsbarkasse: die Hafenbesichtigung begann.

Auch dem kleinen, schwermütigen Monarchen sollte der Hafen gezeigt werden, er war der Stolz der großen Stadt, ihr Ruhm, ihre Schatzkammer seit altersher; mit dem Hafen war verbunden, was Tradition hatte in der Stadt, was hier galt und bedeutend war, und der Hafen war sehenswert, ohne Zweifel: das hatten schon frühere Staatsbesuche versichert. Ihn konnte man jederzeit vorweisen, er war ein rechtes Schaustück, ein bewegtes Panorama des Umsatzes, er war das Lieblingsgebiet der Stadt, er war ihre Geschichte, und er war auch ihr Geist.

Und sie bestiegen über die Laufplanke die Barkasse, die sie durch den Geist der Stadt bringen sollte, der Bürgermeister bestieg sie, der zarte Monarch und das ordentliche Gefolge. Sie nahmen Platz hinter schützender Wandung, suchten sich vor dem unablässigen Wind zu bergen, der kleine Herrscher hatte den besten Platz. Er saß verloren und regungslos da, sein Auge zeigte keine sonderliche Erwartung, kein Gefühl, kein Ermessen für das, was ihn umgab, er saß in einer Haltung verlorener Würde da, während die kräftigen Herren in den Sonntagsanzügen hervorkamen und die Regierungsbarkasse von den Leinen befreiten. Langsam drehte sie ab in den Strom, unter Winken und Wünschen der Zeitgenossen, sie drehte in schäumendem Bogen zur Mitte, leicht schlingernd mit ihrer noblen Fracht.

Die Zeitgenossen zerstreuten sich, die andern Barkassen,

die im Strom hatten warten müssen, durften jetzt anlegen, sie kamen eilig heran. Der Mann entdeckte seine Barkasse am Firmenzeichen, auch sie kam heran, und er ging mit den andern den Landungssteg hinab. Er ging auf Planken, der rote Kokosläufer war nicht für ihn gedacht, seiner Schuhgröße nicht zugemessen, er drängte neben ihm vorbei, mit schweigendem Blick das Gewebe musternd, über das der sehr kleine Monarchenfuß spurlos geschritten war. Dann stand er auf dem Landungsponton, der unter ihm schwankte und schnalzte und gluckste, er spürte, wie sein Körper sich sanft hob, wie alles sich senkte, nicht tief, nicht bemerkenswert senkte, sondern lind und regelmäßig, weich wie Atemzüge. Und er spürte eine unverhoffte Müdigkeit, einen Zug in den Schultern, eine rieselnde Schwere des Körpers; er achtete nicht auf den gellenden Sturz der Möwen, er stand teilnahmslos da inmitten des sirenenzerrissenen Hafenmittags, mitten im Tuckern und Knattern, ein Fremder in all der geräuschvollen Herrlichkeit seebestimmter Arbeit. Da hörte er seinen Namen, hörte ihn heraufklingen aus einer schwarzen Barkasse. Ein Hüne mit kleinem Kopf und rosigem Kindergesicht rief ihn, und als der Mann hinabsah, vergewisserte sich der Barkassenführer:

»Bist du Hinrichs?«

»Ja«, sagte der Mann.

»Dann steig ein.«

Und er sprang in die Barkasse hinab, keine Laufplanke erleichterte es ihm, an Bord zu kommen, aber er landete gut auf den Bodenbrettern, balancierte sich aus. Der Hüne begrüßte ihn nicht, er stand schon am Ruder, er wirbelte das Ruderrad herum, schätzte mit schnellem Blick den Abstand nach beiden Seiten und manövrierte die Barkasse hinaus.

Sie fuhren quer über den Strom, an der Werft vorbei und

weiter durch eine Schleuse, und schließlich waren sie am Ziel. Es war ein entlegenes Hafenbecken, windstill und tot, und es roch hier anders als auf dem Strom; es war nicht das milde Salz der Meerluft, nicht der Geruch von Teer und Terpentin, von Ruß und Bretterzeug, hier lag ein anderer Geruch. Hier bemerkte er nur Fäulnis und Verfall, schlappende Leblosigkeit; das Wasser war zäh, das Wasser war schmierig und ölbedeckt, Kohlstrünke trieben darauf, Büchsen und Abfallholz, keine Möwe ließ sich hier nieder. Es war noch alles, wie es am Ende des Krieges gewesen war, die Kaimauern waren zerschmettert, die Giraffenhälse der fahrbaren Kräne amputiert, verdreht und zerrissen, Lokomotiven lagen rücklings neben den Schienen, und im Wasser, vertäut noch, gespenstisch befestigt an Poller und Dalben, ruhten die Schiffe. Sie waren auseinandergebrochen, sie hatten sich auf die Seite gelegt, einige waren friedlich und senkrecht auf Grund gegangen, nur ein kleiner Passagierdampfer, der über das Heck gesunken war, hob seinen Bug verzweifelt heraus aus dem Wasser, und es sah aus, als hätte er im letzten Augenblick, da die Bombe ihn traf, Kurs auf den Himmel nehmen wollen. Eine der Schuten war gekentert, sie hing kieloben in ihrer Vertäuung, sie lag schwarz und gewaltig und tot da, wie ein Wal, der in rätselhaftem Entschluß seichtes Wasser gesucht hat, Sterbewasser, Todesstrand.

Die Barkasse glitt langsam durch das Becken der toten Schiffe, ihre Bugwellen wanderten kaiwärts, zogen schwappend und murmelnd durch verrostete Aufbauten, brachen sich, verliefen. Der Hüne stoppte den Motor, die Barkasse fuhr aus und ging beim Taucherprahm längsseits, der in einer Ecke des Hafenbeckens vertäut lag; sie wurden schon erwartet.

Hinrichs begrüßte die Pumpenleute und den Signalmann,

es war eine kurze Begrüßung, denn sie hatten einen Taucher runtergeschickt und verfolgten seine Arbeit auf dem Grund des toten, schwarzen Hafenbeckens. Und dann begrüßte er auch die anderen Männer auf dem Prahm, es waren ruhige, schweigsame Männer, alle jünger als er, alle stabiler. Sie gaben ihm die Hand, sie nickten ihm zu, sie zeigten auf die Anzahl der Wracks und ließen ihn stehen. Und der Hüne zeigte ihm sein Schapp, wo er seine Sachen loswerden konnte, sie hatten schon alles bereitgelegt für ihn und vorher zugepaßt, und er lächelte und sagte zu dem Hünen:

»Der Anzug hat nicht lange gelegen.«

»Nein«, sagte der Hüne.

»Ist mein Vorgänger weg?«

»Er hat nicht aufgepaßt. Er wurde bewußtlos nach einer Sprengung, und sein Kopf drückte das Helmventil auf. Er wollte die Sprengung unten abwarten, dabei ist es passiert. Er war zu alt.«

Hinrichs blickte auf den Taucheranzug, er hing glatt und grau an der Wand, er sah in dem schwachen Licht wie ein Mann aus, der sich erhängt hat. Hinrichs ging näher heran, er nahm den Taucheranzug vom Haken und trug ihn fast liebevoll ans Licht. Seine Hand fuhr prüfend über das derbe Gummi, fuhr hinauf bis zum Schulterstück, und der Hüne sah ihm nachdenklich zu. Und plötzlich sagte er:

»Wenn dein Vorgänger vor der Sprengung ausgetaucht wäre, hätte er den Anzug noch getragen. Er war der älteste Meister in der Firma, und du weißt, wie die Alten sind. Er hat sich zuviel zugetraut.«

»War das hier?«

»Es war drüben im Strom«, sagte der Hüne.

»Du sollst jetzt runter und nachschaun, was unten los ist

mit dem Frachter, ob wir eine Trosse rumkriegen oder ob wir schneiden müssen.«

»Gut«, sagte Hinrichs. Und er zog seine alte Lederjoppe aus und die Stiefel und machte sich fertig, und der Hüne half ihm mit schweigender Selbstverständlichkeit. Sie hatten ein Modell des gesunkenen Dampfers angefertigt, sie gaben und erklärten es ihm, und er prägte sich alles ein und studierte das Modell wie einen Gegner. Und zum Schluß setzte ihm der Hüne den aus Kupfer getriebenen Helm auf, der Helm war herrlich und schwer und leuchtete in der Sonne; das Kopfstück wurde mit dem Schulterstück verschraubt, die Bolzen wurden angezogen und die Fenster eingesetzt, und jetzt war er allein und stimmlos und getrennt von der Welt. Sein Gesicht sah ernst und gespannt aus hinter der vergitterten Scheibe des Helms, er bewegte sich nicht, er beobachtete, wie der Hüne die Zusatzgewichte auf der Brust befestigte, und er dachte an die Zeit an der Ostküste, an den Taucherprahm, den er besessen hatte, und an die hundert Male, die er hinabgestiegen war. Er dachte auch einen Augenblick an den, der vor ihm den Taucheranzug getragen hatte, an den alten Meister, der in dieser Haut ertrunken war, und er empfand plötzlich Mitleid für ihn und einen sonderbaren Dank. Und als er jetzt schwer und schleppend zur Einstiegleiter ging, nahm er sich vor, nach dem Namen des alten Meisters zu fragen, wenn er wieder heraufkäme, er wollte wissen, wer er war und wie er ausgesehen hatte, der Mann, dessen Anzug er trug. Aber über allem, über den Gedanken an seinen Vorgänger und über der Schwere seines Schritts, empfand er eine wunderbare Genugtuung, ein ruhiges und wortloses Glück, das ihn die Müdigkeit vergessen ließ und alles, was ihn beim Einsteigen belastete: es war die Genugtuung der Arbeit.

Er kletterte auf die Einstiegleiter, der Hüne bückte sich zu ihm herab, er schob sein rosiges Kindergesicht an das Helmfenster und sagte:

»Es ist Schlick unten. Du mußt viel Luft im Anzug haben.« Und als Hinrichs nickte, lächelte er ihm zu, und dann wiederholte der neue Taucher die Signale, die Luft-, die Gefahren- und die Beruhigungssignale mit der Leine, und er erhielt den leichten, guten Schlag auf den Helm, den sie alle bekommen, wenn sie runtergehen.

Er wälzte sich in das ölige, schwarze Wasser des Hafenbeckens, er drückte mit dem Kopf auf das Überdruckventil, er sank. Es ging langsam und sanft und ohne Geräusch, und als er hinaufsah, entdeckte er gegen das Licht die Silhouette des Prahms; er sah für kurze Zeit die Köpfe der Männer, die ihm nachstarrten, aber sie verschwanden, sie zerliefen, und jetzt wurde auch der Umriß des Prahms ungenau, wurde grob, und schließlich war nichts mehr da als die kalte, lichtlose Tiefe, ihr Schweigen und ihr Druck.

Zuerst landete er neben der Bordwand, er tastete sich an ihr entlang, Hand über Hand, er suchte alles ab, aber er konnte kein Loch entdecken. Der Dampfer saß nahezu senkrecht auf Grund, es war keine große Beschädigung festzustellen, und der Mann dachte, daß der Dampfer sich selbst geflutet haben mußte. Und er ließ sich hinauftreiben zu den Aufbauten und zur Brücke, er wollte ins Kartenhaus rein, aber das Schott hatte sich versetzt, und er konnte es nicht aufbrechen. Und er schwebte wieder zurück auf das Deck des Dampfers, stieß gegen ein Luk, bückte sich und öffnete das Luk und lauschte hinab. Er spürte sein Herz und den Druck des Wassers, und er machte schnelle Schluckbewegungen, um den Druck des Wassers auszugleichen, dann tauchte er in das Luk ein. Er wußte, daß es der erste Laderaum war; obwohl er nichts sah, kannte er das Schiff, wußte jederzeit, wo er sich befand, er trug genau das Modell im Kopf, und das führte ihn. Langsam ließ er sich hinab auf den Boden des vorderen Luks, schritt es aus, fühlte und spürte, und seine linke Hand glitt unentwegt über die Ladung, die linke Hand machte ihn sehend: er sah, obzwar er nichts sehen konnte, den grauen Berg von 15-cm-Granaten, liebevoll gestapelt, behutsam verteilt mit der unendlich gewissenhaften Sorgfalt, die man nur für 15-cm-Granaten aufbringt. Und Hinrichs wußte, daß sie hier nicht schneiden konnten. Sie würden einen Teil der Ladung mit Stahlnetzen bergen, sie würden den Dampfer mit Trossen unterfangen müssen, das war die einzige Möglichkeit.

Er ging höher hinauf, zurück auf das Deck und blieb plötzlich stehen: er hatte ein klopfendes Geräusch im Ohr, es war der Puls einer Kopfader, der klopfte und zählte, es wurde immer stärker und furchtbarer, und der Mann umklammerte die Signalleine. Er nahm einen zunehmenden Druck auf sein Trommelfell wahr, er machte Schluckbewegungen, sammelte Speichel auf seiner Zunge und schluckte ihn hinab, und als der Druck dauerte, preßte er sein Gesicht gegen das Helmfenster und atmete heftig durch die Nase aus. Er tat es so lange, bis es in seinem Ohr deutlich knackte und das Trommelfell ein wenig entspannt war; das Klopfen wurde jetzt erträglicher, aber ein anderes Geräusch trat auf, ein Mahlen und Summen in seinem Schädel. Der Mann kannte dieses Geräusch, er hatte es oft gehört, wenn er unten war und eine Schiffsschraube über ihm gearbeitet hatte, doch er kannte es nicht in dieser verletzenden Stärke, in dieser heimsuchenden Gewalt, die ihn benommen machte und unfähig, etwas zu tun. Er konnte keinen Schritt mehr machen, er konnte sich nicht mehr orientieren, das mahlende Geräusch in seinem Kopf rief ein schweres Schwindelgefühl hervor, und der Mann riß einmal an der Leine, tat einen einzigen, langen, verzweifelten Zug und signalisierte: ›Holt mich rauf!‹

Sie empfingen das Signal auf dem Taucherprahm, sie sahen sich an, sie ergriffen die Leine und begannen zu ziehen, und je höher er kam, desto langsamer zogen sie: sie brauchten nicht völlig innezuhalten auf halber Höhe, es genügte, wenn sie langsamer wurden, denn Hinrichs hatte noch oberhalb der kritischen Tiefe gearbeitet. Die Männer standen am Rand des Prahms und sahen zu, wie er hochkam, pendelnd, schwer, mit ausgebreiteten Armen, einen Strudel von Luftblasen ausstoßend; er trudelte hilflos durch das ölige, schwarze Wasser, und er sah mit dem Helm und dem prallen Anzug wie ein totes, rätselhaftes Tier aus, das mit Gewalt an den Tag geholt wurde. Der Hüne und der Signalmann und zwei andere Männer zogen ihn an Bord des Prahms, sie schraubten ihm den herrlichen Helm herunter, sie machten ihm Luft, und er lag eine Weile ausgestreckt zu ihren Füßen: fertig, besiegt und alt. Seine Gesichtsmuskeln zuckten, er machte immer noch Schluckbewegungen, und die Männer standen schweigend um ihn herum. Dann packten ihn zwei der Männer, schleiften ihn zu einem Niedergang und setzten ihn mit dem Rücken gegen eine Wand. Die Sonne traf ihn von vorn, die Sonne brachte ihn zu sich, und er schlug die Augen auf und blickte in einen fragenden Kreis von Gesichtern. Und er blickte, während er ruhig und tief atmend dasaß, an den Gesichtern vorbei, blickte mit dunkler Verwunderung auf das Hafenbecken der toten Schiffe: eine schneeweiße Barkasse kam fast geräuschlos und mit gedrosselter Fahrt auf sie zu, ein Schwan auf trüben Gewässern, die Blume aller Barkassen; sie kam heran und drehte auch schon ab, doch im Abdrehen erkannte er ihn wieder: Hinrichs erkannte das schwermütige Erdnußgesicht des kleinen Monarchen, sah die ausdruckslose Würde seiner Augen; der Monarch lächelte und regte sich nicht, aber er schaute unverwandt zu ihm herüber.

Die Barkasse nahm Fahrt auf, dies Hafenbecken war nicht vorgesehen, sie zog hinaus mit wallender Hecksee, stolzerem Augenschein entgegen; doch immer noch, selbst als sie kleiner wurde und schließlich verschwand, fühlte Hinrichs den Blick des kleinen Monarchen auf sich ruhen, einen Blick voll großer Melancholie und unbestimmter Trauer, den Blick der Ferne und der Zeit.

Der Hüne brachte ihn nach Hause. Der Hüne hieß Kurt Sommer. Sie hatten ihn vom ersten Tag an »Kuddl« genannt, und er hatte vom ersten Tag an darauf gehört. Er hörte auf jedes Wort, das sie ihm sagten, er tat alles, was sie von ihm verlangten. Kuddl stand an der Pumpe und an der Signalleine, er fuhr die Barkasse, wenn sie es ihm sagten, er reinigte allein den Prahm, er sorgte sich um die Winschen, und was sie ihn tun ließen, das tat er gewissenhaft und bedächtig und mit schwerer Hand. Er war früher da als die andern und ging später fort als die andern, und niemand kümmerte sich um ihn: woher er kam und wohin er nach Feierabend ging, was er mit dem Geld machte, das er verdiente – niemand bei der Taucherfirma kümmerte sich darum. Die Männer waren zufrieden mit ihm, da er alles tat, was immer sie ihm sagten, wozu sie ihn einteilten.

An diesem Nachmittag aber hatten sie ihm nichts gesagt, keiner hatte ihn aufgefordert, Hinrichs nach Hause zu bringen, er tat es ohne ihr Wort. Er hatte von sich aus Hinrichs Aktentasche genommen und dann gewartet, bis er ausgeredet hatte mit den Männern, und war ihm gefolgt, war mit ihm hinübergefahren bis zum großen Landungssteg, war hinter ihm auf die Fähre gegangen, und hier erst hatte er gesagt, daß er ihn nach Hause bringen werde.

Und sie saßen zusammen an Bord der Fähre und sahen auf

den Landungssteg hinab. Die große Zeitung hatte für ihre Freundschaftskampagne einen pilzförmigen Stand auf dem Landungssteg errichtet, Gedränge herrschte dort, organisierte Munterkeit und bezahlter Frohsinn; junge, gutaussehende Männer standen herum, adrett gekleidet, schöne Zähne. Die properen Jünglinge trugen Blumensträuße auf dem Arm, und sobald eine Fähre anlegte, eine Barkasse, ein Boot, stürzten sie darauf zu, suchten die Damen heraus und beglückten sie mit den Blumen. Eine der Damen, schwermütige Sekretärinnen-Schönheit, tat überrascht und unsicher, sie konnte sich nicht entschließen, die Blumen zu nehmen, doch der junge Mann deutete auf das Stichwort, unter dem sich alles vollzog, auf die Parole, die herzinnige Devise, die gut lesbar über dem pilzförmigen Stand angebracht war: JEDER IST DEIN NÄCHSTER – SEI GUT ZU IHM! Und sie nahm die Blumen.

Hinrichs und Kuddl beobachteten es, blickten hinab auf das bewegte und bewegende Bild wohldurchdachter Nächstenliebe; dann fuhr die Fähre ab, und der Hüne legte Hinrichs die schäbige Aktentasche vor die Füße und sah ihn an.

»Morgen wird es besser«, sagte er. »Du mußt dich erst wieder gewöhnen.«

»Ja«, sagte Hinrichs, »wahrscheinlich. Ich hatte das Mahlen im Kopf, und das machte mich fertig.«

»Alles braucht seine Zeit, und am meisten Zeit brauchst du für ein Wrack. Es gibt keine Arbeit auf der Welt, die so langsam geht und bei der so wenig zu sehen ist. Du arbeitest viele Stunden am Wrack, und es ist immer noch nichts zu sehen. Ein Maurer hat beinahe ausgeschachtet und das Fundament gelegt, aber du steigst hinab und mußt arbeiten und warten. Bei einem Wrack darf man nicht ungeduldig werden. Das ist wie ein alter Mann: das steckt im Grund und läßt sich schwer bewegen.«

»Ich weiß«, sagte Hinrichs.

»An der Stelle werden wir noch lange liegen, im nächsten Frühjahr noch. Es ist viel Arbeit in dem Hafenbecken, und du wirst noch viel zu tun haben.«

»Ich war früher an der Ostküste«, sagte Hinrichs. »Nach dem Krieg hatten wir da genug Arbeit, aber jetzt ist fast alles gehoben, und was noch unten liegt, rentiert sich nicht; das liegt zu tief.«

»Ja«, sagte Kuddl, »was zu tief liegt, rentiert sich nicht.«

Der alte Fährdampfer mahlte schräg über den Strom, und die Männer saßen nebeneinander, und ihr Blick ging über das Wasser. Vier Schiffe kamen den Strom herauf, dicht hintereinander, vier tiefgehende Schiffe, die stetig und mit kleiner Fahrt an ihnen vorbeiliefen, von Schleppern empfangen und an die Kais gebracht wurden. Schnelle Barkassen kreuzten ihren Kurs, vollgestopft mit dem aktentaschentragenden Volk der Stauer, mit Werftarbeitern, mit Sekretärinnen und Seeleuten; die Barkassen pendelten jetzt unablässig hin und her: es war Schichtwechsel im Hafen. Aber es trat keine Stille ein, kein vollkommener Friede, obwohl die Schichten wechselten; alles überlappte und überschnitt sich, alles vollzog sich fließend unter der würgenden Notwendigkeit der Arbeit; von den Schneidbrennern zischte schon wieder violetter Funkenregen, die Kräne standen nicht still, wild und hallend ratterten die Niethämmer, Dampfsirenen riefen Signale über den Strom, und breit und langsam und schwappend zogen Schleppzüge zu den Kanälen hinab.

Durch diese Herrlichkeit von Arbeit und Bewegung brachte die Fähre sie über den Strom, sie legte an dem Steg unter dem Sandhügel an, und die Männer stiegen aus. Kuddl wollte wieder zurückgehen, sein selbstgestellter Auftrag war erfüllt, aber Hinrichs schob ihn mit sanftem Druck weiter und sagte:

»Du wirst mit uns essen, Kuddl. Wir haben nicht viel, aber es wird reichen. Es gehen noch drei Fähren heute.« Und sie gingen den schmalen Uferpfad entlang und über den Sandhügel, und hier erwartete sie Timm.

Der Junge stand barfuß und breitbeinig da, seine Hände waren geballt, er schaute forschend in die Gesichter der Männer, als ob er sich über etwas klarwerden müsse, als ob er Sicherheit und Gewißheit brauchte für einen besonderen Zweck. Und als sein Vater ihm zunickte und der Hüne ihm die Hand gab, schob er sich zwischen die Männer, und nachdem er ein Stück mit ihnen gegangen war, legte er seinem Vater eine Hand auf die Schulter, zog ihn zu sich herab und deutete auf das Haus und flüsterte mit ihm. Kuddl merkte, wie Hinrichs langsamer wurde in seinem Schritt und dann stockte; sein Gesicht wurde ernst, und ein Zug von Bitternis erschien auf ihm, aber er blieb nicht stehen. Er ging weiter auf das Haus zu, ging über den zugigen Platz mit den alten Ankern und Ketten und Schiffsteilen, und er hatte den Jungen plötzlich an der Hand. Sie gingen in das Haus hinein, und Kuddl wollte auf dem Platz draußen stehenbleiben, doch da sah Hinrichs zurück und rief ihn heran.

»Du kannst mitkommen, Kuddl«, sagte er, »wir sind gleich wieder allein. Komm ruhig rein und sieh dir den feinen Burschen an.« Und zu Timm sagte er:

»Du wirst hinaufgehen, Junge, und wirst oben bleiben, bis ich dich hole.«

Dann gingen sie über den Flur in die Stube.

Lena hatte die Männer gehört und stand in der Tür, sie war sehr blaß in ihrem roten Rollkragenpullover und unter dem schwarzen Haar, und sie lächelte leicht und ein wenig schmerzlich, als ihr Vater und der Fremde eintraten. Kuddl versuchte, das Lächeln zurückzugeben, er wollte dem Mädchen die Hand reichen, aber er wurde in seiner Absicht gehindert: Hinrichs ging groß und gespannt durch den Raum, ging auf einen Mann zu, der am Eckfenster stand, mit angehaltenem Atem. Es war ein sehr junger Mann, der da stand, sauber gekämmt, schmaläugig, ein Junge mit ausgetretenen Slipschuhen und einem neuen, langen, wattierten Jackett. Er trug ein offenes, kariertes Hemd, man konnte die dünne Kette sehen und den kleinen Talisman, der auf seiner Brust hing. Sein Mund war geöffnet, sein Blick, der auf Hinrichs gerichtet war, überlegen und abschätzend, ein Blick, der aus den Augenwinkeln kam.

Hinrichs ging nah an ihn heran, zu nah, als daß einem Mann dabei wohl sein könnte, und der Junge mit seinem überlegenen und wachsamen Blick sagte: »Fassen Sie mich nicht an!«

Es klang nicht drohend, hörte sich nicht wie eine Warnung an, aber es reichte dafür aus, daß Hinrichs seine Hände unten ließ und vor dem sauber gekämmten Jungen stehenblieb und ihm mit ruhigem Haß und einer sehr ruhigen Verachtung ins Gesicht sah. Und derselbe Haß und dieselbe Verachtung lagen auch in seinem Tonfall, als er sagte:

»Verschwinde hier, aber schnell. Du hast hier nichts verloren.«

Da kam Lena heran, sie ging auf die Fensterseite, stellte sich neben den Jungen und sagte:

»Manfred ist zu mir gekommen. Er hat mich besucht, Vater.«

»Auf diese Besuche verzichten wir«, sagte Hinrichs.

»Manfred und ich wollen heiraten.«

»So«, sagte Hinrichs, »hat ihn das hierhergebracht? Da hat er sich was Gutes überlegt, etwas spät vielleicht, aber noch zur

Zeit. Willst du ihn heiraten oder er dich? Das darf man doch fragen?«

»Manfred ist seit zwei Tagen hier, Vater – er wird sich Arbeit suchen, und dann werden wir heiraten.«

»Auch das hat er sich gut überlegt«, sagte Hinrichs, »er hat nichts vergessen.«

»Vater ...«, sagte das Mädchen.

»Ja«, sagte Hinrichs, »ja, ich bin dein Vater. Und solange ich es bin, werde ich dafür sorgen, daß er nicht in dieses Haus kommt. Sieh ihn dir an, sieh ihn dir genau an, wie er da steht in dem feinen Jackett und in dem feinen Hemd: ich habe ihn in die Lehre genommen, ich wollte aus ihm einen Taucher machen, aber er wollte es nicht. Es ging ihm nicht schnell genug. All den jungen Herren geht es heute nicht schnell genug, sie wollen nicht lernen, sondern gleich etwas sein und eine Menge Geld verdienen. Sie sind alle etwas Besonderes heute und kommen sich sehr aufgeweckt vor und sehr überlegen. Und sie wissen alle genau, was sie verlangen können, und weil man ihnen große Versprechungen macht, und weil man ihnen die Arbeit nachwirft und sie nur zu wählen brauchen, deshalb glauben sie, wer weiß was wert zu sein. Aber wieviel man wert ist, das kann man nicht selbst bestimmen, auch nicht, wenn man ein Motorrad fährt oder ein Radio mit sich herumschleppt oder diese feinen, wattierten Jacketts trägt. Was einer wert ist, das zeigt sich bei andrer Gelegenheit. Der hier hat diese Gelegenheit gehabt, aber er hat nichts gezeigt: er ist eines Tages verschwunden, heimlich abgehauen, als deine Mutter starb und es uns schlecht ging, und als er hörte, daß du ein Kind von ihm bekommen wirst. Erinnere dich mal, was du sagtest, als er damals verschwand; du hast doch sonst ein so gutes Gedächtnis, nur zu, erinnere dich mal; oder hast du Angst vor der Erinnerung? Frag ihn doch mal, wohin er gegangen ist damals, und ob er an dich dachte und an das Kind, los, frag ihn mal!«

»Vater«, sagte das Mädchen, »Vater, jetzt ist er zurück-gekommen. Es ist ihm nicht gut gegangen. Nun wird er hier bleiben.«

»Er soll bleiben, wo er will. In dieses Haus kommt er nicht.«

»Dann gehe ich zu ihm«, sagte Lena.

»So?« sagte Hinrichs verächtlich. »Dann mußt du ihn erst mal fragen, ob es ihm auch paßt. Vielleicht kann er deine Anwesenheit gar nicht gebrauchen.«

»Wenn er Arbeit hat, werden wir uns eine Wohnung mie-ten.«

»Wenn er Arbeit hat«, wiederholte Hinrichs, »aber weißt du auch, ob er arbeiten will? Er sieht nicht so aus. Er sieht aus, als ob er auf was Besseres wartet als auf Arbeit.«

Plötzlich stieß Hinrichs vor, er packte den Jungen an den Aufschlägen des feinen Jacketts und zerrte ihn dicht zu sich heran, und dann drehte er ihn herum und stieß ihn mit aller Kraft von sich. Er stieß ihn durch die Stube, er schlug auf ihn ein, er drängte ihn schlagend zur Tür, aber der Junge wich den Schlägen sehr geschickt aus. Er tat es ruhig und instinktiv, indem er zurücksteppte oder den Oberkörper blitzschnell abbog, und sein Blick büßte nichts ein von der Überlegenheit und Abschätzung, mit der er Hinrichs die ganze Zeit angese-hen hatte. Lena versuchte, zwischen sie zu treten, sie stellte sich verzweifelt und mit erhobenen Händen vor den schmal-äugigen Jungen, doch der Junge drückte sie energisch zur Seite und sagte:

»Weg, Lena. Es geht schon.«

Und Hinrichs riß sie am Handgelenk fort.

Hinrichs verfolgte den Jungen bis auf den Hof, dann blieb er stehen und sah ihm nach, und der Junge ging gleichmäßig und ohne sonderliche Eile, aber auch ohne zurückzuschauen, den Sandhügel hinab zum Landungssteg. Er betrat die Fähre, und nachdem er verschwunden war, ertönte die Signalpfeife, und ein Mann warf die Achterleine der Fähre los: mit Hilfe der Bugleine begann sie zu drehen. Und während Hinrichs stand und auf das ferne Manöver hinuntersah, lief Lena an ihm vorbei, sie schnitt den Weg ab, sie lief durch den feinen, kalten Sand, mit dem leichten Mantel, den sie in der Hand hielt, zur Fähre winkend. Er rief sie nicht an, er hielt sie nicht zurück, und das Mädchen überquerte atemlos und winkend den Rücken des Sandhügels, stolpernd, in schwerem Lauf bis zum Uferpfad; und als Lena den Landungssteg erreicht hatte, klatschte auch die Bugleine der Fähre ins Wasser. Die Fähre drehte jetzt in den Strom, sie hatte keine Verbindung mehr mit dem Land, aber im Abdrehen schob sich das Heck noch einmal am Steg vorbei, sachte und berechenbar und nicht mehr als zwei Meter entfernt, und in diesem Augenblick sprang Lena. Hinrichs spürte, wie dieser Sprung ihn betraf, er spürte einen jähen Druck über seinem Herz, ein heftiges, unwillkürliches Ausschlagen der Hände, so, als ob sie sichern, nachfassen wollten, und er machte einen einzigen, verlorenen Schritt in Richtung der Fähre.

Lena landete knapp auf der Scheuerleiste, warf sich nach vorn und ergriff mit beiden Händen die Reling, und dann erschienen zwei Männer und hoben sie an Bord. Die Männer sprachen auf sie ein, doch Lena hörte nicht zu; sie ging zwischen ihnen hindurch zum Oberdeck, ohne zurückzusehen.

Hinrichs starrte der Fähre nach, bis sie mitten auf dem Strom war. Er hatte gemerkt, daß Kuddl hinter ihn getreten war, daß er schon längere Zeit da stand, aber er hatte sich nicht zu ihm umgedreht. Erst jetzt wandte er sich um, mit einem hilflosen und bedauernden Lächeln, er nickte Kuddl zu, und beide gingen schweigend ins Haus.

Und nachdem Timm Eier geholt hatte und Speck, ließ Hinrichs den Speck aus und zerschlug die Eier am Rand der Pfanne und briet sie, und er machte Kaffee und schnitt von einem großen Brot ab und brachte alles auf den Tisch. Er verteilte die Eier auf drei Teller, und sie begannen zu essen. Kuddl nahm seine Mütze ab, schluckte und kaute und brach sich vom Brot ab, und es war eine Zufriedenheit in seinem Gesicht, als er aß. Auch das Gesicht von Hinrichs wurde offener und freier, als er Brocken von dem Brot abbrach und sie mit Speck und Eiern in den Mund schob und dazu den heißen Kaffee trank. Manchmal seufzte der Hüne unter der belebenden Wohltat des Essens, und er blinzelte Timm zu, und seine große Hand drückte einen Brotbrocken in den Teller, tunkte alle Spuren von Fett auf, sorgfältig und genußvoll. Eine wunderbare, sanfte Gier lag über diesem Essen, sie spürten die Wärme, die es brachte, die wohlige Müdigkeit und die weiche und geheimnisvolle Genugtuung des Sattseins. Und nach dem Essen saßen sie eine Weile still zusammen, und zum Schluß sagte Hinrichs:

»Es ist gut, Kuddl, daß du mit uns gegessen hast.«

Dem Kanzler war nichts geschehen; keine Bombe hatte sich seine Nachbarschaft zur Explosion gewählt, kein Splitter war gegen seine ragende Denkmalsfülle gesurrt; hoch und unversehrt stand er noch immer, stand auf tief verankertem Zementsockel und schaute über den Strom: das Bismarckdenkmal hatte den Krieg überstanden. Es war ein Wahrzeichen der Stadt, es grüßte den heimkehrenden Seemann, wenn sein Schiff den Strom hinaufzog, grüßte ihn, ermahnte ihn, erinnerte ihn an prompte Bürgerpflicht. Das Denkmal stand auf bepflanzter Anhöhe, als Zentrum einer Grünanlage, und über alles, was sich auf Wegen und Bänken, auf Rasen und hinter solidem Gebüsch vollzog, blickte der Kanzler: er blickte unter drahtborstiger Braue hervor, ernst, fabelhaft ernst, mit seiner gefürchteten stiernackigen Korrektheit, ein Bein leicht vorgestellt, die Linke am Schild, die Rechte am Knauf des guten Schwertes.

So stand er in grünendem Erholungsgelände dicht überm Hafen, ein Abbild vaterländischen Sinns, ein Symbol für Trutz und Treue, ein bewaffneter Mahner zu Fleiß und Pflicht, der auch den Müßiggehenden, den Schlenderer und Erholungsuchenden an seine nationalen Bindungen erinnern sollte.

Doch der Mahner stand auf zu hohem Sockel, nur selten wanderte ein Blick bis zu ihm hinauf, der dräuende Mahner war zu fern.

Es war kühl in seinem kolossalen Schatten, und Lena sagte: »Ich möchte auf den Rasen, Manfred. Da ist es wärmer.« Und sie gingen wortlos auf den Rasen und ließen sich nieder, und Lena lächelte zufrieden.

»So möchte ich immer sitzen«, sagte sie. »Ich möchte jetzt nicht mehr nach Hause.«

»Ja«, sagte Manfred.

»Freust du dich?« fragte sie.

»Es ist noch zu früh«, sagte er. »Vielleicht hättest du doch da bleiben sollen. Ich glaube, es wäre besser gewesen.«

»Ich habe so lange auf dich gewartet«, sagte sie. »Ich bin glücklich, daß du gekommen bist. Und jetzt gehe ich nicht mehr fort. Oder möchtest du, daß ich nach Hause gehe?«

»Vielleicht für einige Wochen, Lena.«

»Warum?« fragte sie.

»Ich bin erst kurz hier, Lena, und wir haben keine Wohnung, und wir haben nichts, wovon wir leben können.«

»Wir werden uns etwas suchen«, sagte sie. »Wir werden uns eine Wohnung besorgen, ein Zimmer zuerst, und dann eine Wohnung. Es wird nicht schwer sein, wenn du Arbeit hast.«

»Vielleicht«, sagte er.

»Und wenn du von der Arbeit kommst, werden wir dir entgegengehen. Dann werden wir ja das Kind haben, und wir werden jeden Tag hinuntergehen, wo die Barkassen anlegen, und da werden wir stehen und auf dich warten. Oh, ich mag so gern jemanden abholen, der irgendwo herkommt. Es ist so schön, wenn man erwartet wird. Und wir werden jeden Tag auf dich warten, Manfred, und du wirst nie allein nach Hause gehen. Würdest du dich freuen?«

»Ja«, sagte er. »Ich würde mich freuen. Aber es ist noch nicht soweit.«

»Wenn wir zusammenbleiben, wird es bald soweit sein. Ich werde dir helfen, und ich kann dir auch Wege abnehmen am Anfang; alles geht leichter, wenn man zusammen ist.«

»Und wo wirst du heute schlafen?« fragte er.

»Da, wo du schlafen wirst«, sagte sie. »Wir werden etwas finden.«

»Für einen Mann ist es leichter, etwas zu finden, wo er schlafen kann. Ein Mann kann überall unterkommen.«

»Wir werden da hingehen, wo du in der letzten Nacht warst«, sagte sie.

»Nein«, sagte er.

»Warum nicht?« Sie rückte ab von ihm und sah ihn mißtrauisch von der Seite an und wiederholte:

»Warum nicht, sag?«

»Du kannst da nicht hinkommen, Lena, es ist furchtbar. Ich kann dich da nicht mitnehmen.«

»Sag, wo du geschlafen hast!«

»Da«, sagte er, »unter ihm habe ich geschlafen.« Und er deutete mit dem Gesicht auf den steinernen Kanzler, und dann blickte er das Mädchen an und sagte:

»Das ist nichts für dich, Lena.«

Sie hörten Tanzmusik, die sich näherte, und sie hoben den Kopf. Drei junge Männer kamen heran, frisch rasiert und mit gefettetem Haar, junge Männer in kurzärmeligen Hemden und engen gebügelten Hosen. Sie rauchten, sie kamen heran in wiegendem Gang, zwei von ihnen trugen an Schulterriemen weiße Kofferradios, die auf dieselbe Station eingestellt waren. Sie warfen Lena einen zwinkernden Gruß zu, schnalzten mit der Zunge und gingen zu einer Bank, auf der ein altes Ehepaar saß, schweigsame Vogeltraulichkeit, den letzten Sonnenstrahl suchend. Die Alten rückten noch mehr zusammen, die jungen

Männer rückten nach, und während sich einer von ihnen auf die Banklehne emporzog, suchten die andern nach neuer Musik, drehten, regelten, schalteten um, und es summte, es pfiff und quietschte aus den Apparaten, und plötzlich standen die Alten ohne ein Wort auf, erhoben sich in stillem Einvernehmen und gingen untergehakt fort.

Lena sah ihnen nach und sagte:

»Komm, Manfred, wir wollen gehen.«

»Wohin willst du?« fragte er.

Sie nahm ihm die Streichholzschachtel aus der Hand, die er drehte und wendete, und lächelte leicht und bezaubernd und sagte nur: »Komm.«

Und sie gingen durch die Grünanlagen. Immer mehr junge Leute begegneten ihnen, auch Mädchen kamen jetzt, sehr jung und in pastellfarbenen Pullovern und mit kurzgeschnittenen Haaren. Einige der Mädchen trugen Hosen, und sie bummelten untergehakt und schnelläugig vorbei, an manchen Stellen standen sie bereits in Gruppen mit jungen Männern zusammen.

»Da«, sagte Lena, »auf die andere Seite.« Und sie verließen das Erholungsgelände und überquerten die Fahrbahn. Lena hatte sich eingehakt bei ihm und zog ihn sanft vorwärts; sie gingen über einen asphaltierten Platz, an langen, türarmen Gebäuden entlang; kein Laut drang aus ihnen, kein Licht fiel heraus, obwohl die Dämmerung bereits eingesetzt hatte, und sie strebten vorbei, und auf seinen fragenden und bekümmerten Blick antwortete sie immer wieder mit einem Lächeln. Dann bogen sie ab in eine Straße der Antiquitätenhändler, durchschritten auch sie, und als sie das Ende erreicht hatten, sahen sie das kleine Kino und daneben eine offene Verkaufsbude.

Sie zwängten sich durch eine Gruppe von Motorradfahrern,

die sich vor dem Kino versammelt hatte; die Gruppe vergrößerte sich ständig, einzeln und paarweise kamen neue Motorradfahrer heran, in grünem Lederzeug, in braunem und gelbem, auch die Mädchen trugen Lederzeug mit breitem Taillengurt, und alle hatten bunte Sturzhelme auf den Köpfen. Die Motorradfahrer begrüßten sich, sie ließen die Maschinen laufen, sie zeigten und erklärten einander Schaltung und Motor und drehten Übungsrunden mit den Mädchen. Es waren sehr junge Männer und sehr junge Mädchen, und Lena ging mit Manfred zwischen ihnen hindurch zur Verkaufsbude. Und sie kaufte sechs Zigaretten und gab sie ihm und sagte: »Da, das meinte ich. Ich dachte mir schon, daß du keine Zigaretten hast.«

Der Junge nahm die Zigaretten, zündete sich eine an und rauchte; sie sah zu, wie er rauchte, und lächelte.

»Willst du einen Zug?« fragte er.

»Nein«, sagte sie, »ich rauche nicht.«

Und er sagte nach einer Weile:

»Woher hast du das Geld?«

»Ich hatte noch vier Mark, Manfred. Ich habe sie mitgenommen.«

»Dann können wir ja ins Kino gehen«, sagte er. »Es reicht noch.«

»Ich weiß nicht. Vielleicht sollten wir das Geld behalten und uns morgen früh etwas zu essen kaufen. Morgen werden wir Hunger haben.«

»Für morgen werde ich sorgen«, sagte er. »Und außerdem bleibt noch was übrig für Brötchen. Komm, gib mir das Geld, ich hole Karten.«

Das Mädchen gab ihm das Geld, und er kaufte Karten.

Es war ein altes, schäbiges Kino, es roch säuerlich, nach faulenden Fußabtretern, aber es war gefüllt bis auf wenige Plätze.

Sie kamen in einer Pause hinein. Der Hauptfilm hatte noch nicht begonnen, und sie sahen, daß fast nur junge Leute im Kino waren, und die jungen Leute gingen hin und her und riefen und sangen laut, und einige stritten mit der mageren Platzanweiserin. Und als der Hauptfilm begann, ein italienischer Sittenfilm, offenbar für skandinavische Matrosen, griff das Publikum ein: es rief dem Hauptdarsteller Ratschläge hinauf, es begleitete Küsse mit schnalzenden Geräuschen, es klatschte und johlte, und die magere Platzanweiserin lief den Gang auf und ab, um Ruhe zu stiften, doch es gelang ihr nicht. Lena hielt während des ganzen Films seine Hand, und nach dem Film drängten sie sehr rasch hinaus auf die Straße. Die Straße war dunkel, die Motorradfahrer waren verschwunden, es fiel ein dünner Regen. Als sie die Straße der Antiquitätenhändler erreicht hatten, waren sie allein. Lena zog den Mantel aus, sie legten ihn sich gemeinsam über die Schultern und gingen durch den Regen, und der Regen fiel auf ihr Haar, fiel in ihre Gesichter und auf die Hände, die den Mantel hielten, und vor einem erleuchteten Schaufenster küßten sie sich, und auch im Kuß spürten sie die Wärme des dünnen Regens.

Sie gingen weiter zu den großen schlummernden Verwaltungsgebäuden, sie gingen langsam, und vor einem Eingang blieben sie stehen und stellten sich unter. Ein hutloser Zeitgenosse eilte vorbei, er bemerkte sie nicht, sein Schritt wurde leiser und unhörbar auf dem nassen Asphalt.

Der Junge blickte das Mädchen an, ihr Gesicht glänzte, frischer Regenglanz, ihre Augen glänzten. Regen lief die Wangen herab. Manfred sagte:

»Du bist ganz naß, Lena.«

Sie ergriff seinen Arm, zog ihn zu sich heran und küßte ihn und sagte:

»Du bist auch naß. Aber der Regen ist warm.«

»Und jetzt?« fragte er. »Wohin sollen wir gehen?«

»Irgendwohin«, sagte sie.

»Ich habe noch achtzig Pfennig«, sagte er.

»Ich gehe mit dir.«

»Ich bin müde, Lena. Wir sollten schlafen gehen. Aber du kannst nicht mitkommen. Es wäre besser gewesen, wenn du zu Hause geblieben wärst. Ich kann dich nicht mitnehmen dahin, wo ich schlafe.«

»Doch«, sagte das Mädchen. »Du wirst mich mitnehmen, Manfred, sonst geh ich allein. Ich weiß, wo das ist. Jetzt möchte ich bei dir bleiben. Ich habe keine Angst.« Sie sah sehr entschlossen aus, als sie das sagte, und er nahm sie an der Hand und zog sie hinaus in den Regen, und sie gingen über den asphaltierten Platz zu den Grünanlagen. Auf den Wegen standen Pfützen, und der Regen wurde heftiger, aber in den Anlagen waren noch immer junge Leute, sie standen in Gruppen zusammen und hörten zu sprechen auf, als Lena und Manfred vorbeigingen. Einige der jungen Leute riefen ihnen nach, aber sie gingen weiter, weiter bis zum steinernen Kanzler, der hoch über ihnen mit Schild und Schwert stand, vom Regen verwaschen, dem Wind ausgesetzt, allezeit mahnend mit rechtschaffenem Ernst. Sie blickten hinauf zu ihm, doch seine Konturen waren nicht zu erkennen, er stand zu hoch in der regnerischen Nacht.

Im Sockel war ein Eingang, sie stiegen wenige Zementstufen hinauf; der Junge ging leise voraus und zog sie hinter sich her: sie waren unter den Füßen des Kanzlers, sie befanden sich in einem dumpfen, fensterlosen Raum, kein Licht blinkte, kein Wort fiel, nur die Atemzüge von Schlafenden waren zu hören.

»Rechts hinüber«, flüsterte der Junge, und sie tasteten sich an der Wand entlang zu einer Ecke, Fuß vor Fuß, um nicht über Schlafende zu stolpern, doch bevor sie noch die Ecke erreicht hatten, ertönte ein Schrei, der verzweifelte Schrei eines alten Mannes, und Lena erschrak und lehnte sich an die Wand und drückte beide Hände auf ihr Herz. »Oh, Gott«, stöhnte sie, und der alte Mann schrie noch einmal, und dann rief er mit klagender Stimme: »Heiliger Jesus, wo ist mein linker Schuh? Man hat mir einen Schuh gestohlen. Und auch mein Löffel ist weg, Jesus, Maria.« Dann hörte man Scharren, hörte den Alten in rasendem Selbstgespräch, er tastete den Boden ab, er kroch herum, er schnüffelte und wühlte, und von Zeit zu Zeit jammerte und flehte er: »Gebt mir den Schuh zurück, ihr Hunde. Jesus, Maria!« Und während er jammerte, erwachten andere Schläfer, sie schrien ihn an, sie verdammten ihn mit seinen Klagen, sie drohten, ihn hinauszuwerfen, und da wurde er plötzlich still, nur gelegentlich murmelte er etwas, bis er auch damit aufhörte.

Das Mädchen lehnte zitternd an der Wand, es konnte sich nicht bewegen, aber eine Hand legte sich um seine Schulter und zog es fort zu der rechten Ecke.

»Hier, Lena«, sagte der Junge, »hier ist ein Platz.«

Sie ließen sich auf den Zementboden hinab, streckten sich vorsichtig aus und rückten nah zusammen, und Lena breitete den Mantel über ihn und sich und legte den Kopf in seinen Arm.

»Geht es?« flüsterte sie.

»Ja«, sagte er.

Der Alte hatte die Stille unterbrochen, und jetzt flüsterte es im Raum und kicherte, und Lena fragte leise:

»Sind viele hier?«

»Ich weiß nicht«, sagte der Junge.

»Kennst du schon einige?«

»Ja.«

»Auch Mädchen?«

»Nein«, sagte er, »von diesen Mädchen kenne ich keine. Es sind auch kaum welche hier. Und die hierherkommen, gehen schon nach zwei Stunden oder so.«

»Ich möchte hier nicht bleiben«, sagte Lena, »aber eine Nacht halte ich es schon aus. Vielleicht könnten wir schon morgen Arbeit für dich bekommen, und dann könnten wir heiraten und uns ein Zimmer nehmen. Wir könnten doch schon morgen Arbeit für dich suchen.«

»Es ist noch zu früh, Lena. Ich muß mich erst umsehen in dieser Stadt. Ich weiß noch nicht, was hier los ist. Versuch jetzt zu schlafen.«

»Ich bin nicht müde«, sagte sie. »Ich kann noch nicht schlafen.«

»Versuch es«, sagte er.

Sie schwieg eine Weile, und dann fragte sie:

»Du?«

»Ja«, sagte er.

»Hast du an mich gedacht, manchmal?«

»Natürlich, Lena.«

»Wobei hast du an mich gedacht?«

»Warum willst du das wissen?«

»Ich finde es schön, wenn man weiß, wobei jemand an einen gedacht hat, und wo das war.«

»Gut«, sagte er. »Ich habe in der Eisenbahn an dich gedacht. Immer wenn ich fuhr, dachte ich an dich und an die Kleinbahn, mit der wir zum Baden an den Strand fuhren. Erinnerst du dich noch an die alte Kleinbahn?«

»Ja«, sagte das Mädchen, »die Kleinbahn fuhr hoch über

dem Strand an der Küste entlang, und man konnte weit aufs Meer sehen. In der Kleinbahn haben wir uns zum erstenmal geküßt. Weißt du noch? Wobei hast du noch an mich gedacht?«

»Oft, Lena.«

»Nein«, sagte sie, »wobei? Ich möchte wissen, wobei es war.«

Der Junge seufzte und sagte:

»Ich habe im Hafen an dich gedacht. Immer wenn ich unten war und ich ein altes Boot sah, das aufgebockt war und fertig zum Abwracken, dann dachte ich an dich. Und ich habe hineingesehen in so eine alte Barkasse oder Schute, und dabei dachte ich – weißt du, woran?«

»Ja«, sagte sie, »oh ja.« Und sie fühlte nach seinem Gesicht.

»Ruhe!« rief unvermutet eine Stimme in der Nähe. »Wenn ihr nicht ruhig sein könnt, fliegt ihr raus! Unterhalten könnt ihr euch draußen.«

»Sei jetzt still, Lena«, flüsterte der Junge. »Und versuch zu schlafen.«

»Und du?«

»Ich werde es auch versuchen.«

Das Mädchen schloß die Augen und wartete auf den Schlaf, aber es konnte keinen Schlaf finden und blickte hinauf zur Decke des Raumes und lauschte den Atemzügen der Menschen, die hier schliefen: unter den Sohlen des großen Kanzlers, unter seiner drückenden Denkmalsfülle. Und Lena stellte sich vor, was das für Menschen sein mochten, die hier schliefen, und welche Träume sie träumten und welche Schicksale sie hierher geführt hatten in diesen seltsamen Unterschlupf. Und sobald sich etwas regte, sobald ein Geräusch erklang, eine Stimme, ein Stöhnen, unterdrückte sie den eigenen Atem und horchte gespannt in die Dunkelheit. Sie merkte, daß einige Leute den Raum verließen und daß andere kamen, es fiel ihr auf, daß die,

die kamen, leiser und vorsichtiger waren als die, die gingen, Lena unterschied sie und ihre Absichten und fand keinen Schlaf. Sie lag wach bis zur frühen Morgendämmerung, ohne sich zu rühren, und sie überlegte, wohin sie gehen könnten, um Arbeit für Manfred zu finden, und wo sie die nächste Nacht bleiben würden. Und sie dachte an ihren Vater und an Timm und an das niedrige Haus auf dem Sandhügel, und sie begann zu frieren. Plötzlich hob sie den Kopf: sie hörte, wie sich jemand näherte, ein Mann tastete sich an der Wand zu ihnen heran, und Lena weckte behutsam den Jungen und flüsterte:

»Es kommt jemand.«

Der Fremde stieg an ihrem Kopf vorbei, kniete sich neben Manfred hin und fragte leise:

»Bist du wach?«

»Ja«, sagte Manfred.

»Dann komm, wir warten draußen.«

»Wohin willst du?« fragte Lena und richtete sich auf.

»Sei ruhig«, sagte er, »sei ganz still, Lena. In einer Stunde bin ich wieder zurück.«

»Ich gehe mit«, sagte sie.

»Du kannst nicht mitkommen, Lena.«

»Was wollt ihr tun?«

»Ich sag es dir nachher, wenn ich zurück bin. Bleib hier ruhig liegen. Es wird dir keiner etwas tun.«

»Manfred!« sagte sie.

»Ja, Lena. Es geht schnell.«

Und er drückte sie auf den Boden herab, deckte den Mantel über sie und ging. Lena wagte nicht, ihm nachzugehen, sie fürchtete sich vor jeder Bewegung in diesem Raum, sie fürchtete sich jetzt vor dem beginnenden Licht, und sie fürchtete sich am meisten vor dem, was sie draußen sehen könnte. Und sie zog den dünnen Mantel über das Gesicht und legte die Hand vor den Mund und weinte.

Sie lag so, tränenlos weinend und erschöpft, bis ein trübes Licht am Eingang zu sehen war, ein grauer, trauriger Flekken, Licht eines Arbeitsmorgens, Licht ohne Versprechen. Das Mädchen schlug den Mantel zurück, sah dicht über dem Boden in das traurige Licht: die Rinne des Lichts war frei von Schlafenden, sie konnte gehen, ohne auf einen Körper zu treten. Und sie nahm den Mantel und kroch die Rinne des Lichts entlang, kroch ihm entgegen, dem Ausgang zu.

Lena richtete sich auf und trat hinaus in den trüben Morgen; ihr Hinterkopf schmerzte, und es war ein Druck auf ihren Augen und ein Druck auf ihrem Leib. Sie zog den Mantel an, sie preßte die Handflächen einen Moment auf die Augenhöhlen, dann strich sie ihr Haar glatt, fuhr mit den Fingerspitzen über ihr Gesicht und ging auf den regenweichen Weg hinaus.

Es war windig, und die Wolken flohen tief und eilig über die Stadt, über den schwarzgeregneten Kanzler hinweg und zum Hafen hinüber und weiter über das flache, traurige Land neben dem Strom. Der Ruf der Sirenen drang klagend und verstümmelt durch den Wind aus dem Hafen herauf, auch die gellende Sirene eines kleinen Kriegsschiffes, das ohne Schlepper einlief und ohne Schlepper festmachte gegenüber der breiten, hohen Werft. Aus einem Seitenarm des Hafens wurde ein Tanker herausbugsiert, ein giftgelber Panamatanker, groß und tiefgehend und mit einem Bug wie ein Felsen, und er schob sich in den Hafen wie eine ganze neue Welt, und mitten im Hafen drehten ihn vier kleine Schlepper, zogen und zerrten ihn herum und drückten ihn schließlich gegen den Ausrüstungskai. Und dann wandten sich die vier Schlepper ab, fuhren mit schäumender

Bugwelle über den Strom und machten am Liegeplatz fest und blieben unter Dampf.

Zwei Arbeiter gingen an Lena vorbei durch die Anlagen, sie kürzten den Weg ab zum Ponton der Barkassen, ihre Gesichter waren müde und mißmutig, und sie gingen vorbei, ohne den Kopf zu heben. Und Lena blickte ihnen nach, wie sie den regenweichen Weg hinabgingen, schweigend, die Kragen hochgeschlagen, die Hände in den Taschen und an den Hüften eingeklemmt die alten Aktentaschen mit dem Frühstück. Hinter den Büschen, die zur Straße hin standen, schleifte eine frühe Straßenbahn vorbei, auch sie brachte Arbeiter hinab zu den Pontons, Männer mit Aktentaschen und Rucksäcken, Männer mit erwartungslosen Gesichtern und breiten, braunen, rissigen Händen. Die Straßenbahn schlingerte vorbei, verschwand in abschüssigem Bogen, hafenwärts, und das Mädchen knöpfte den Mantel zu und ging ihr nach, und während sie sich mehr und mehr von dem Asyl der Nacht entfernte, ließ der Druck auf ihren Augen nach, eine flackernde Wachheit stellte sich ein, eine unruhige Schärfe des Gewahrens. Sie ging bis zum unteren Ausgang der Grünanlagen, und hier sah sie die drei Männer.

Manfred war zwischen ihnen; sie standen zu dritt neben einer grüngetünchten Bedürfnisanstalt, dicht nebeneinander, und die Außenstehenden blickten aufmerksam auf die Hände des Mittleren herab. Dann nahmen die Außenstehenden etwas in Empfang und schoben es in ihre Gesäßtaschen, und Lena kam heran und wußte, daß es Geld war.

»Lena!« sagte der Junge.

»Ja«, sagte sie und blickte ihn unverwandt an. Er lächelte schmaläugig, er sah nicht müde aus, er war sauber gekämmt und sah gesünder aus und wohler als die Burschen neben ihm mit ihrem verfilzten Haar und den großen, unruhigen Gesichtern.

»Warum hast du nicht auf mich gewartet?« fragte er.

»Ich dachte, du kommst nicht zurück«, sagte sie.

»Ich habe uns nur etwas besorgt«, sagte er mit sanftem Vorwurf. »Ich wollte dich gerade holen, Lena. Jetzt können wir frühstücken, und um zehn beginnt das Nonstop-Kino. Wir haben wieder Geld. Komm, wir wollen gehn.«

Sie schauten sich noch einmal um, aber es war niemand in der Nähe; nur der steinerne Kanzler stand in ragender Denkmalseinsamkeit hoch über ihnen, starr, unverändert ernst, hoffnungslos sinnend in der Trübnis dieses Hafenmorgens.

Der Chef war schon da. Er stand am Niedergang des Taucherprahms, ein kurzbeiniger, athletischer Mann in ramponiertem Ledermantel: Egon Iversen. Er hatte ein rundes, fleischiges Gesicht, sein Kinn war unrasiert, seine Stirn niedrig und breit. So stand er und sah zu, wie Hinrichs aus der Barkasse auf den Prahm stieg; und als er an ihm vorüberkam, gab er ihm die Hand und murmelte einen Gruß. Hinrichs blickte auf eine rotbrennende Narbe am Kopf des Chefs, die Haut bewegte sich an dieser Stelle, leicht und pulsend.

Der Chef zog ihn in ein Schapp hinein, er setzte sich hin und sagte: »Na, alles in Ordnung?« Und als Hinrichs nickte, holte er aus einer Tasche einen Packen Papiere heraus, auch Taucherbücher waren darunter, und der Chef wog sie in seiner Hand und sagte:

»Ich brauche deine Papiere, Hinrichs, auch das Taucherbuch. Die andern haben schon abgeliefert.«

»Wieso?« sagte Hinrichs. »Ist etwas los?«

Er fuhr zusammen, aber er fing sich schnell und gab sich den Anschein von Ruhe, von Gleichgültigkeit und Unbetroffenheit, und der Chef sagte:

»Wir werden in zwei Kommandos arbeiten. Eins bleibt hier, in diesem Hafenbecken, das andere geht rauf in schwedische Gewässer. Die Schweden haben uns einen Bergungsauftrag gegeben: ein alter, deutscher Passagierdampfer, ziemlich groß, ich glaube, es ist die ›Bartenstein‹. Sie liegt nicht weit von der Küste.«

»Ich kannte die ›Bartenstein‹«, erwiderte Hinrichs. »Neuntausend Tonnen. Soviel ich weiß, hat sie sich selbst auf Grund gesetzt.«

»Ja«, sagte der Chef. »Du wirst mit dem Kommando nach oben gehen; im späten Herbst seid ihr wieder zurück. Die Sache hier läuft uns nicht weg. – Hast du deine Papiere mit?«

»Nur das Taucherbuch«, sagte Hinrichs.

»Gut«, sagte der Chef, »dann gib es her. Und die andern Papiere gib mir morgen. Ich muß einen Sammelpaß beantragen.«

»Wann soll es losgehen?« fragte Hinrichs.

»Bald«, sagte der Chef. »Einen genauen Termin hab ich noch nicht. Aber sicher wird es in den nächsten Tagen sein.«

Hinrichs zog das Taucherbuch aus der Joppentasche hervor und reichte es mit unbewegtem Gesicht dem Chef, und der Chef schlug es auf, las darin, blätterte, schlug dann zurück zur ersten Seite, während Hinrichs ihn unablässig beobachtete. Und dann sagte der Chef:

»Das kommt nicht wieder, was? So werden wir niemals mehr aussehen, Hinrichs. So jung wie damals werden wir nie mehr sein. Du hattest einen guten Photographen.«

»Das war noch vor dem Krieg«, sagte Hinrichs.

»Ja«, sagte der Chef. »Damals konnten wir uns noch sehen lassen. Heute habe ich Angst vor den Photographen.«

Hinrichs versuchte, ihn vom Bild abzulenken und sagte: »Stammt die Narbe aus dem Krieg?«

»Nein«, sagte der Chef und lachte. »Die Narbe stammt von einem Kupferrohr. Kupfer ist teuer heute, und sie haben sich was Gutes ausgesucht, als sie mir eins überzogen mit dem Kupferrohr.«

»Wer?« fragte Hinrichs.

»Unsere Kunden«, sagte der Chef. »Sie kommen nachts ins Materiallager, wenn du nicht mit ihnen rechnest. Ich habe mich ein paar Nächte auf die Lauer gelegt, und als ich glaubte, sie zu haben, da hatten sie mich. So ist es manchmal, Hinrichs. Man kann zu einer Zeit nur in eine Himmelsrichtung sehen. Ich wußte nicht, daß die Jungs ein richtiges Sicherheitskommando haben. Als ich das erfuhr, war es zu spät für mich.«

»Hat es lange gedauert?« fragte Hinrichs.

»Kupfer ist ein gutes Metall«, sagte der Chef, und er klappte das Taucherbuch zu und erhob sich. »Morgen kriege ich den Rest von dir.«

»Ja«, sagte Hinrichs.

Der Chef ging hinaus und sprach auf dem Vorschiff mit dem Hünen, dann sprach er mit dem Rudergänger des Prahms, und schließlich sprang er hinab in ein neues Boot mit Außenbordmotor und verließ in schneller Fahrt das Hafenbecken der toten Schiffe.

Hinrichs starrte ihm nach, wie er davonfuhr; er schob eine Hand in die Joppentasche, wo das Taucherbuch gewesen war, er umklammerte die Tabakdose und stand so und hatte das Gefühl eines bevorstehenden und unabwendbaren Sturzes: etwas schien nachgegeben zu haben unter seinen Füßen, ein Seil war gerissen, er hatte das Trapez verfehlt. Er empfand einen üblen Magendruck, und in seinem Gesicht war etwas von der verzerrten Verwunderung, dem Schmerz und der Wehrlosigkeit eines Boxers nach einem Tiefschlag, und er legte beide Hände um die Reling und blickte in das schwarze, schwappende Wasser.

Aber sie kamen schon auf ihn zu und machten ihn fertig zum Runtergehen, und er zog den Taucheranzug an und ließ sich den Helm auflegen, und bevor sie das Helmfenster einsetzten, fragte er Kuddl nach dem Namen des alten Meisters, der in diesem Anzug ertrunken war.

»Es war Bieleck«, sagte Kuddl. »Aber du wirst besser aufpassen.«

Dann wurden die Fenster eingesetzt, und er ging zur Leiter, erhielt den guten Schlag und tauchte ein. Er ließ sich auf den kleinen Munitionsdampfer hinabsinken, zum vorderen Laderaum, und hier wartete er das Stahlnetz ab, das sie von oben runterließen, brachte es zum Luk und fing an zu arbeiten. Er breitete das Stahlnetz aus, tastete sich zu dem ersten Stapel der 15-cm-Granaten und zog die Granaten einzeln von oben weg und legte sie liebevoll und sehr vorsichtig in das Netz. Und Hinrichs dachte einen Augenblick an die Männer, die die Granaten hier vor langer Zeit gestapelt hatten, er versuchte sich vorzustellen, für welchen Hafen sie einst bestimmt waren, für welches Land, für welche Soldaten.

Er schleppte das Netz voll und gab mit der Leine ein Zeichen nach oben, und auf dem Prahm begann eine Dampfwinsch stoßweise und ratternd zu arbeiten, und aus der Trosse, an der das Netz hing, kam alles Lose heraus. Während sich das Netz an den Außenkanten hob, rollten die Metalleiber der Granaten zusammen, stießen gegeneinander mit kurzem, hellem Klikken, lagerten sich fest und zurecht, und die Winsch hievte sie behutsam hinauf.

Hinrichs schleppte das Netz noch zweimal voll, dann tauchte er aus und blieb eine Weile oben, und nach dem Essen ging er abermals runter und arbeitete an einem zweiten Stapel von 15-cm-Granaten. Er arbeitete jetzt mit einem andern Taucher daran; es war ein junger Mann, der zum erstenmal Munition barg, aber sie hatten ihm alles Nötige eingeschärft auf dem

Prahm, und Hinrichs und er arbeiteten langsam und in gutem Rhythmus zusammen.

Sie schafften eine Menge Munition aus dem gefluteten Frachter, und bevor sie austauchten, verständigten sie sich durch Handzeichen, nahmen Luft auf und ließen sich hochtreiben zur Brücke des kleinen Frachters. Der junge Taucher hatte eine Handlampe mit, er schaltete sie ein, und Hinrichs versuchte wiederum, das Schott zum Kartenraum zu öffnen, diesmal gelang es. Der schwache, armselige Schein der Handlampe glitt hinein, wanderte in die zähe Dunkelheit, an den Wänden entlang, streifte über den Boden, und plötzlich hielt er in seiner gleichmäßigen Bewegung inne. Der Schein der Handlampe ruhte auf den Resten eines ertrunkenen Soldaten, es war ein Infantrist, der lang auf einer Bank lag, und neben ihm lag seine Gasmaske und das Gewehr und das gewaltige Gepäck, von dem sich kein Infantrist in der ganzen Welt trennt. An seinen Sachen erkannten sie sofort, daß es ein Infantriesoldat war, und auch daran, daß alles griffbereit neben ihm lag, von der Gasmaske bis zum Stahlhelm. Und Hinrichs und der junge Taucher versuchten sich in diesem Augenblick durch das Helmfenster anzusehen, sie empfanden zu gleicher Zeit eine fragende Betroffenheit, ein fragendes Staunen – sie konnten sich nicht erklären, wie der Soldat hierher gekommen war. Sie standen neben dem Schott, sie gingen nicht hinein in den Kartenraum, sie sahen unentwegt auf den toten Mann. Vielleicht hatte er Urlaub gehabt, dachte Hinrichs, Fronturlaub, Genesungsurlaub, Todesurlaub – vielleicht.

Die Männer verständigten sich nach einer Weile durch eine Berührung, tauchten aus, und auf dem Prahm erzählten sie von dem toten Soldaten, und sie beschlossen, ihn am nächsten Tag zu bergen.

Die Schute mit der Munition hatte abgelegt, das Deck war aufgeklart, und einige der Männer saßen schon unten in der Barkasse und rauchten und warteten auf Kuddl, der sie hinüberbringen sollte über den Strom. Sie pfiffen bereits, sie riefen ungeduldig nach ihm, aber der Hüne hörte nicht auf die Pfiffe und auf die Rufe: er half Hinrichs, in seinem Schapp fertig zu werden. Und als sie alles zusammen verstaut und in Ordnung gebracht hatten, hielt Kuddl Hinrichs am Arm zurück und sagte:

»Ich weiß, wo sie ist.«

»Hast du sie gesehn?« fragte Hinrichs.

»Nein«, sagte der Riese. »Ich habe *sie* nicht gesehn. Aber ich habe *ihn* gesehn, und wo er ist, da wird deine Lena nicht weit sein. Und wenn sie nicht in der Nähe ist, dann kannst du ihn fragen. Er weiß es bestimmt.«

»Wo, Kuddl«, sagte Hinrichs, »wo hast du ihn gesehn?«

»Am Denkmal oben, in den Anlagen.«

»Kannst du mitkommen?«

»Nein, jetzt nicht. Ich muß zuerst die Barkasse wegbringen. Später kann ich. Vielleicht gehst du vor, und ich komme nach. Wir treffen uns am Denkmal.«

»Gut«, sagte Hinrichs, »ich warte da auf dich.«

Der Hüne reichte ihm die Aktentasche, und sie stiegen hinab in die Barkasse und fuhren hinaus auf den Strom. Hinrichs stand über der Schraubenwelle, er fühlte, wie sich das Zittern der Bodenbretter auf seinen Körper übertrug, er fühlte es auf seinen Wangen und in den Schultern, und er ging zu den andern nach vorn, die dicht gedrängt im Schutz der Kajüte standen. Sie fuhren am Zollkreuzer vorbei, der ohne Fahrt in der Mitte des Stroms lag, sie kreuzten den Kurs eines Fischdampfers, glitten an einer schweren beleuchteten Wracktonne vorüber und machten am großen Landungsponton fest.

Die Männer stiegen aus, ihre Gesichter schoben sich hoch, sie erhielten Körper und Arme; ein Mann nach dem andern stieg auf die Ducht, stieg auf die Bordkante und sprang auf den Ponton. Hinrichs stieg als letzter aus, und bevor er sprang, nickte er dem Hünen zu, und Kuddl nickte beruhigend zurück.

Hinrichs ging an einer langgestreckten Holzbude vorbei, sie war neu, sie war lustig getüncht: Schnellimbiß, Köhm und Bier, Büroräume, Warteräume für die Passagiere der Fähren und Flußdampfer. Überall drängten, suchten und fragten wunscherfüllte Zeitgenossen, zwängten sich durch die schmalen Türen der Holzbude, zwängten sich wieder hinaus: die Holzbude, auf verankertem Ponton erbaut, war zu klein, war zu modern, sie besaß nur Mindestgröße, Mindestluft, Mindestlicht – sie entsprach dem Mindestleben. Und Hinrichs schob sich vorbei, ohne auf die Verkäuferinnen, die Kellner und Sekretärinnen zu blicken, die hinter Mindestscheiben ihrer Arbeit nachgingen und die hineindrängenden Zeitgenossen von ihren Wünschen befreiten, eilig jetzt und voller Ungeduld, mit einem Fuß schon im Feierabend.

Fast überall in der großen Stadt war jetzt Feierabend, gesicherter Arbeitsschluß, und auf der Uferstraße neben dem Strom rollten sie heim: stetig und geräuschvoll und in unablässiger Kette, und es sah aus, als ob die ganze Welt unterwegs sei. Fahrräder rollten heim und Mopeds mit jungen Angestellten und Handwerkern; Motorräder, auf denen Männer mit Rucksäcken saßen oder mit Aktentaschen, die sie an einem Riemen vor der Brust trugen; Lieferwagen rollten heim, die auf den Ladeflächen, zwischen Kanistern und Rohren, Männer in Arbeitszeug transportierten; ein buckliger Zeitgenosse mit abgehärmtem Fuchsgesicht schob eine große Karre vorbei; und inmitten dieser leichten und lauten Gefährte zogen schwere, leise Wagen heimwärts, sicher und bequem, sie rollten hinaus in die feine Schläfrigkeit der Vorstadt am Strom.

Hinrichs drückte sich am Brückengeländer entlang und trat an die Uferstraße, und er blickte auf einen Mopedfahrer, der eine riesige Leiter auf dem Rücken trug und mit dieser Leiter Radfahrer und Motorräder und selbst die sehr bequemen Autos überholte. Der Mopedfahrer kannte keinen Respekt, nicht einmal vor der Geschwindigkeitsbegrenzung. Und wenn er gelegentlich hinter einem der großen Wagen verschwand, dann war nur noch seine Leiter zu sehen, sie ragte hoch und schräg in die Luft und bewegte sich geisterhaft und unaufhaltsam vorwärts. Nur ein Auto konnte der Mann mit der Leiter nicht überholen, es war ein Kastenauto, mit großen Plakaten verkleidet, mit grünen Girlanden geschmückt: ein Werbewagen der großen Zeitung, die in der Stadt die Freundschaftskampagne veranstaltete. Er fuhr sehr schnell, auch den Werbern für Nächstenliebe stand ein Feierabend zu, doch trotz ihrer wilden Fahrt konnte Hinrichs noch die Parole auf den Plakaten lesen, den schönen und bescheidenen Wahlspruch des Herzens: DENK JEDEN ABEND ETWAS SCHÖNES.

Dann staute sich der Verkehr an einer Lichtanlage, die schweren Autos hielten, während Mopeds und Motorräder noch durch die Lücken kurvten, um nach vorn zu kommen, und Hinrichs und eine Gruppe von Zeitgenossen wechselten hinüber. Und auf der andern Seite der Uferstraße löste sich Hinrichs aus der Gruppe und ging die bepflanzte Böschung hinauf und am Bedürfnishaus vorbei in die Anlagen. Die Bänke in den Anlagen waren besetzt, eine alte Frau fütterte Vögel, aus einem Gebüsch kam verschwommene Radiomusik.

Er ging weiter zum Sockel des dräuenden Kanzlers, und er lauschte den Stimmen, die auf den Seitenwegen hinter den Büschen erklangen, er fand nicht den, den er suchte.

Er setzte sich auf eine Bank, die frei wurde, klemmte die Aktentasche zwischen die Füße und rauchte und wartete. Er dachte: wenn ich noch lange sitze, kommt vielleicht Lena her. Und Kuddl wird bald hier sein, wenn er die Barkasse weggebracht hat. Ich werde Lena mit nach Hause nehmen, ich werde sie festhalten und nicht fortlassen den ganzen Weg.

Zwei junge Mädchen in Hosen kamen vorbei, untergehakt, blaß und gutgenährt, wohlgelaunte Mädchen. Eins der Mädchen sah ihn unter blonder Schweinswimper an, und sie stießen sich in die Seite und bogen ab.

Plötzlich entdeckte Hinrichs den Jungen: er stand allein auf einem Absatz des Denkmalsockels, unbeweglich, die Hände in den Taschen; er stand sauber gekämmt da und blickte mit abschätzendem Lächeln zu Hinrichs hinüber. Und Hinrichs erhob sich und nahm ruhig die Aktentasche auf und ging ohne Hast auf ihn zu. Er stieg zwei breite Treppen hinauf bis zum Absatz des Sockels, stellte sich vor den Jungen und sagte:

»Wo ist Lena?«

Und als Manfred schwieg und ihn mit nachlässiger Überlegenheit und taxierendem Spott anblickte, wiederholte er:

»Wo ist Lena, hab ich gefragt!«

Der Junge hob in gespieltem Bedauern die Schultern.

»Ich weiß nicht, wo sie ist«, sagte er, »ich hab keine Ahnung. Sie hat sich nicht abgemeldet bei mir.«

»Sie kommt jetzt nach Hause«, sagte Hinrichs.

»Das ist gut«, sagte der Junge, »da gehört sie auch hin. Ich habe Lena nicht gesagt, daß sie weggehen soll von zu Hause.«

»Das glaub ich. Du kannst sie nicht gebrauchen, weil sie

dich stört. Aber deinetwegen ist sie weggegangen von zu Hause. Nur weil du dich wieder blicken ließest. Was hat dich überhaupt hergetrieben? Hm? Hast du Geld gebraucht? Oder hattest du Hunger? Ich sage dir: laß mir das Mädchen in Ruh!«

»Ich lasse sie in Ruhe«, sagte der Junge. »Aber was soll ich tun, wenn sie mich nicht in Ruhe läßt? Soll ich sie stehen lassen?«

Hinrichs ließ die Aktentasche fallen und griff nach der Kette über der Brust des Jungen und zerrte ihn daran näher.

»Wo ist Lena?« rief er.

»Vorsichtig«, sagte der Junge. »Sie machen die Kette kaputt.«

»Ich will jetzt wissen, wo das Mädchen ist!«

»Sie tun mir weh«, sagte der Junge, und dann, warnend und schmaläugig:

»Lassen Sie los! Zum letztenmal.«

Hinrichs ließ die Kette los und sah sich um, und er erblickte sechs oder sieben junge Männer. Sie waren schon auf dem Absatz des Sockels, sie waren dicht hinter ihm und kamen rauchend und kauend noch näher heran. Alle schwiegen. Sie rückten so nah auf, daß sie schließlich auf Armlänge bei ihm waren, dann blieben sie stehen und verteilten sich zwanglos um ihn. Hinrichs bückte sich und wollte seine Aktentasche aufheben, aber einer der jungen Männer setzte einen Fuß darauf, und als Hinrichs zu ihm hochblickte, grinste der Junge.

»Nimm deinen dreckigen Fuß von der Tasche«, sagte Hinrichs.

Der Junge schwieg und grinste und zog seinen Fuß nicht fort.

»Hast du nicht verstanden?«

Der Junge schüttelte leicht den Kopf.

»Nein«, sagte er, »ich habe nicht verstanden. Ich verstehe überhaupt schlecht.«

Da packte Hinrichs den Fuß, der auf seiner Tasche stand, packte ihn fest und mit aller Kraft am Knöchel, riß ihn hoch und versetzte dem Jungen einen Stoß in den Magen. Der Junge brach aus dem Kreis, den sie um ihn geschlagen hatten, stolperte zurück und stürzte auf den steinernen Absatz des Sockels, und Hinrichs wollte ihm nachsetzen, aber er kam nicht einmal dazu, sich aufzurichten: der erste Schlag traf ihn zwischen die Schulterblätter und der zweite hart und kurz im Genick, und dann erhielt er vier Schläge zu gleicher Zeit, und er sackte mit einem dunklen, schwachen Stöhnen zusammen. Und im Zusammensacken beschrieb sein Körper eine halbe Drehung, und für einen Augenblick gewahrte er Manfreds Gesicht: es war verwaschen, es war undeutlich, aber Hinrichs glaubte immer noch die Züge nachlässiger Überlegenheit und taxierenden Spotts zu erkennen. Hinrichs gewahrte auch noch, daß Manfred seine Hände in den Taschen hatte, dann schlug er auf den Zementboden und fühlte ein Kreisen und Brausen in seinem Schädel und lag still.

Er lag mit dem Kopf neben seiner Aktentasche, er lag ausgestreckt auf dem Rücken, und er spürte nichts als ein großes und erschütterndes Hämmern, ein grausames Zählen in seinem Schädel, so wie er es manchmal unter dem Taucherhelm erlebt hatte, aber nicht so furchtbar, nicht so versehrend wie nun. Er hatte das Gefühl, unter Wasser zu sein, er glaubte, unter einer riesigen, rotierenden Schiffsschraube zu hängen, die langsam und regelmäßig und knapp über ihn hinwegschlug; er glaubte, sie sogar sehen zu können: eine Schraube aus gehämmertem Kupfer und groß wie ein Haus, eine blinkende Riesenschraube, deren scharfe Blätter ihn zu erreichen suchten.

Als er die Augen öffnete, blickte er in das hoffnungslos

sinnende Gesicht des Kanzlers. Er blickte gedankenlos hinauf, ohne sonderliche Empfindung; sein Kopf schmerzte, und an der unteren Lippe fühlte er warmes Blut. Er zog eine Hand vor das Gesicht, er preßte den Handrücken gegen den Mund, er sah auf den frischen Blutfleck. Und er rieb das Blut an der Hose ab und richtete sich auf: vor einem nahen Busch standen zwei junge Männer und beobachteten ihn, er kannte sie nicht, er konnte sich nicht erinnern, daß sie bei seinem Niederschlag dabei gewesen waren. Aber sie sahen so aus, als ob sie dabei gewesen wären, als ob das Niederschlagen eines einzelnen Mannes zu ihrem Metier gehörte, langhaarige Burschen mit Koteletten, mit tiefen Augenrändern und wachem Ausdruck. Sie kauten Äpfel und starrten herüber, und Hinrichs griff nach seiner Aktentasche und zog sie unter die Beine.

Er versuchte, sich völlig zu erheben, er setzte an, indem er den Körper auf die Hände stützte, sich vorbeugte und in kniende Stellung kam, doch dann ging es nicht weiter. Der Kanzler in windiger Denkmalshöhe begann zu kreisen, neigte sich tief zu ihm herab, entschwand wieder – Hinrichs wußte, daß er mit diesem Schwindelgefühl nicht gehen konnte. Und er legte sich zurück und beobachtete die apfelkauenden Männer.

Und nach einer Weile bemerkte er schräg hinter den beiden Männern einen dritten Mann, der zögernd und suchend näher kam; er war so groß, daß er über die Büsche hinausragte, und er trug eine blaue Schiffermütze auf dem Kopf. Als Hinrichs ihn erkannte, richtete er den Oberkörper auf und winkte, und der Hüne blieb jäh stehen. Der Hüne stand gespannt und ratlos da, er nahm die Hände aus der Jackentasche, er prüfte die Umgebung, und jetzt entdeckte er die langhaarigen Burschen. Er duckte sich sofort, und geduckt ging er auf den Busch zu, hinter dem die jungen Männer waren, er ging auf Zehenspitzen, und er kam fast unbemerkt zu ihnen, doch während er sich aufrichtete, drehte sich einer der Burschen um, rief etwas, und beide flohen.

Der Hüne verfolgte sie nicht. Er ging quer durch den Busch, ging zum Absatz des Denkmalsockels hinauf, beugte sich über Hinrichs und sagte:

»Ist etwas kaputt?«

Hinrichs winkte ab.

»Es geht schon wieder«, sagte er. »Es waren mehr, als einer von uns schaffen kann.«

»War er dabei?«

»Ja, Kuddl, er war dabei. Aber er hielt sich fein heraus. Er hatte die Hände in den Taschen.«

»Und das Mädchen?«

»Ich weiß nicht, wo Lena ist, Kuddl. Ich habe ihn gefragt, aber er hat nicht geantwortet. Sie antworten nur, wenn es ihnen Spaß macht. Alle miteinander.«

»Komm«, sagte Kuddl, »du kannst hier nicht liegen bleiben. Ich bring dich zu mir.«

»Das geht nicht. Ich muß nach Haus. Der Junge ist allein und wartet auf mich. Danke, Kuddl.«

»Versuch, aufzustehen.«

»Ja, ich will es versuchen.«

»Langsam.«

»Da ist nur dies Kreisen im Kopf.«

»Ich halte dich fest.«

»Jetzt ist es besser, Kuddl. Ich glaube, jetzt kann ich gehen.«

»Ich bring dich noch zur Fähre runter. Gib mir die Aktentasche.«

Der Hüne nahm die Aktentasche, und sie gingen sehr behutsam die ersten Stufen des Sockels hinab, gingen nebeneinander

durch die Grünanlagen und über die Uferstraße zum Anlege-
platz der Fähre. Hinrichs ging allein an Bord, und der Hüne
wartete so lange auf dem Ponton, bis die Fähre weit draußen
war auf dem Strom.

Als Hinrichs sein Haus betrat, war es still; Timm schlief
bereits, er schlief in seinem Hemd, das er auch am Tage trug,
ein grünkariertes Hemd mit durchgescheuertem Kragen und
mit derben Aufsätzen über den Ellenbogen. Der Mann machte
leise Licht, er betrachtete den schlafenden Jungen, er beugte
sich zu ihm hinab, senkte sein Gesicht tief über das sonnen-
gebleichte Haar. Das Haar des Jungen duftete nach Gras.

›Schlaf, Junge‹, dachte der Mann, ›schlaf dich gut aus. Solange ich da bin, sollst du schlafen.‹

Und er rückte wieder vom Bett ab und blickte hinaus in die
Dämmerung über dem Strom, und dann ging er zum Küchen-
schrank, schnitt sich Brot ab, holte Marmelade hervor und goß
sich kalten Kaffee in eine große Tasse, und er aß nachdenklich
und zum Schluß sehr schnell. Er räumte die Sachen nicht weg;
nachdem er gegessen hatte, ließ er alles stehen und wusch sich
die Hände im Ausguß und steckte sich eine halbe Zigarette an.
Rauchend kramte er aus einer Schublade Papiere hervor, holte
die Rasierklinge und das Holzstück, holte Messer und Tinte
und legte alles auf die Kiste, die mit bedrucktem Wachstuch
bedeckt war. Zuletzt schob er die Fußbank an die Kiste heran
und setzte sich hin.

Er faltete die Papiere auseinander, die Geburtsurkunde, den
Meldeschein, alles, was er an Papieren hatte; er strich sie glatt
und verglich sie; und dann drückte er die Zigarette aus und
begann zu arbeiten. Die Rasierklinge blitzte auf, drang ins
Papier und folgte scharf und tödlich dem Bogen einer Zahl,
tilgte sie kratzend aus, und Hinrichs spürte jetzt den Sog, den

unaufhaltsamen Strudel, in den er geraten war, und er blickte auf den Jungen.

Der Junge war wach. Der Mann lächelte überrascht und schmerzlich und sagte:

»Timm.«

»Ja, Vater«, sagte der Junge.

»Hast du gegessen, Timm?«

Der Junge nickte.

»Dann ist es gut«, sagte der Mann.

Er hatte das Holzstück mit der Rasierklinge in der Hand, und der Junge sah eine ganze Weile darauf und sagte:

»Willst du wieder radieren?«

»Ja, Junge«, sagte der Mann.

»Wieder im Taucherbuch?«

»Nein, nicht im Taucherbuch. Jetzt sind die anderen Papiere dran. Jetzt haben sie die Schraube angezogen, Junge, und da mußt du dich mitdrehen. Wenn ich die Arbeit behalten will, habe ich keine andere Möglichkeit. Wir sollen raufgehen in schwedische Gewässer, und weil wir an Land wohnen werden, brauchen sie alle unsere Papiere, nicht nur das Taucherbuch. Und weil ich im Taucherbuch nicht jünger sein kann als in der Geburtsurkunde, muß ich jetzt alles ändern.«

»Ist es schwer, Vater?«

»Ja«, sagte der Mann, »es ist schwer, Junge. Aber es wird keinem in der Welt schlechter gehen, wenn ich das mache. Wir tun keinem Menschen weh damit, und ich weiß genau, was das bedeutet. Es gibt schlimmere Sachen, Junge, und wahrscheinlich werden sie es auch gar nicht finden. Die haben für andere Sachen ein Auge. Ich kann mir nicht denken, daß einer etwas merkt im Kontor. Vielleicht hätte ich's nicht gemacht, wenn ich nicht wüßte, wie sie arbeiten.«

»Ich werde es keinem erzählen«, sagte der Junge ernst, und er sah aus großen Augen auf den Mann, der vor ihm saß: ein Mann mit magerem Nacken und dünnem Haar und rissigen Händen, und plötzlich schlug der Junge seine Decke zurück und stand auf. Und er ging barfuß zu dem Mann hinüber und blieb einen Augenblick vor ihm stehen, und unversehens stürzte er auf ihn zu und schlang seine Arme um den mageren Nacken und preßte seinen Körper gegen die Brust des Mannes.

Lena trat vor das Schaufenster und blickte über den Rand der sauberen Persenning, mit der die untere Hälfte des Fensters verdeckt war: es wurde neu dekoriert. Das Schaufenster wurde sorgfältig hergerichtet, mit gewissenhaft kalkulierter Liebe, und der, der alles ersonnen hatte, hockte brütend auf dem Boden. Er trug Stoffschuhe an den Füßen und einen teuren Schal um den Hals, und er dachte sehr lange nach, während er auf seine Schöpfung blickte, und er rollte die Stecknadeln zwischen seinen Lippen und griff immer wieder zupfend und glättend ein. Es war ein junger Dekorateur, mit einem schmalen, etwas schiefen Gesicht und scharfen Lippen, und er sah aus, als wäre er noch nie im Leben zufrieden gewesen mit dem, was er erreicht hatte. Vor ihm saß die Puppe eines blonden Jungen, der Junge hielt ein Stofftier auf dem Schoß und grinste mit starrer Andacht zu seiner größeren Puppenschwester hinauf, die ihm aus einer Zeitung vorlas, und hinter ihnen saß das schön frisierte Elternpaar am Tisch, und Vater hatte die gleiche Zeitung aufgeschlagen und las der feinsinnig grinsenden Mutter vor – Feierabend, traulich und grinsend.

Lena sah auf das Feierabendbild hinab und auf den Dekorateur, der es ersonnen hatte, und sie las, in welcher Kleidung man sich besonders wohl fühlt am Feierabend. Sie dachte an Timm und an ihren Vater und wandte sich ab.

Und in dem Augenblick, da sie sich vom Schaufenster abwandte, erkannte sie der Hüne. Er erkannte sie an ihrem Haar, und er blieb stehen und beobachtete, wie sie in den Strom der Fußgänger zurückkehrte und langsam und allein weiterging. Sie ging ohne Ziel, sie ging nicht so, als ob sie jemand zu treffen erwartete, sie streifte im Gehen die Auslagen der Schaufenster, stand ohne Ungeduld vor den Ampeln der Straßenübergänge, und vor den Arkaden schwankte sie einen Augenblick, welche Richtung sie wählen sollte. Und als sie sich für die Arkaden entschied, setzte sich Kuddl in Bewegung und folgte ihr. Und er ging unbemerkt hinter ihr her bis zu einer Schleusenbrücke, auf der debattierend und dichtgedrängt eine große Zahl von Zeitgenossen stand. Sie kehrten alle der Fahrbahn den Rücken und schauten auf den Kanal und riefen und winkten, und immer neue Zeitgenossen kamen hinzu, blieben stehen und versuchten, sich ins Bild zu setzen.

Im Kanal schwamm eine Katze. Ein Schäferhund hatte sie aufgespürt, hatte sie in die Enge getrieben, und die Katze hatte in ihrer Not keinen anderen Ausweg gesehen als den Kanal. Aber der Retter war schon unterwegs: ein Polizist watete durch das zähe, faulige Wasser, watete knietief neben einer alten Häuserwand entlang, der Katze entgegen. Und die es sahen und verfolgten, waren von Genugtuung erfüllt; denn diese Stadt war tierlieb wie keine andere. Jeder leidenden Kreatur wurde geholfen, den Katzen, den Tauben und den wilden Schwänen: nirgendwo ließ es sich wohler Tier sein als in dieser Stadt, beschirmt und gehütet von gesetzlich verfügter Güte, verwöhnt von mildtätigem Bürgersinn, unvergessen in den Herzen der Kinder und der alten Frauen.

Lena zwängte sich durch die Mauer der Zeitgenossen hindurch bis zum Brückengeländer, jetzt konnte sie den Polizisten erkennen, einen großen Mann mit glattrasiertem Gesicht. Aus einer Luke in der Wand wurde ihm eine Stange hinausgeschoben, er ergriff sie, er legte sie auf das Wasser, er schob die Stange der Katze entgegen, und die Katze erreichte sie mit den Pfoten, und allmählich zog sie der Polizist heran und barg sie. Und bald darauf zerstreuten sich die Zeitgenossen, nur wenige blieben zurück und sprachen das Ereignis immer von neuem durch, gaben ihm Anfang und Ende und Bedeutung, und Lena stand noch eine ganze Weile da und hörte ihnen zu. Dann ging sie weiter, am Denkmal für die gefallenen Söhne dieser Stadt vorbei, weiter über einen asphaltierten Platz, an einer schlichten Kirche vorüber, und Kuddl folgte ihr. Er folgte ihr auf einer abschüssigen Straße, die zu einer Budenstadt führte: aus den Buden drang Musik, und junge Männer standen rauchend in den Eingängen und wippten rhythmisch mit den Füßen und klatschten in die Hände. Hinter ihnen, im Innern der Buden, klickten und rollten die Automaten, auch an ihnen standen junge Männer, sie spielten, sie wechselten Markstücke bei einem mürrischen Kassierer, und es ging ihnen allen sehr gut, und sie hielten eine Menge von sich.

Lena ging rasch an den Spielbuden vorbei, und der Hüne hatte Mühe, sie nicht aus den Augen zu verlieren, und dann verlor er sie doch für einen Augenblick. Das Mädchen war in eine der weißlackierten Buden getreten, es war eine Erfrischungsbude, in der sich die Zeitgenossen mit kalten Frikadellen stärkten, mit Sauerfleisch in fertigen Portionen und mit Limonade. Eine ältere Frau in weißem Kittel verkaufte. Sie war eine freundliche Erscheinung, mit großem, Vertrauen einflößendem Busen und sanft gewölbtem Nackenspeck, und bei ihr bestellte Lena eine kalte Frikadelle und eine Flasche Limonade.

Kuddl entdeckte Lena wieder, bevor sie mit dem Essen fertig war; er stellte sich auf eine Standwaage, mit dem Rücken zur Erfrischungsbude, und er blickte in den Spiegel und wartete, bis Lena herauskam. Und dann folgte er ihr durch die Straße der Kaffeegeschäfte und über einen Parkplatz inmitten von Trümmergrundstücken, und Lena blieb allein. Sie wandte sich nicht ein einziges Mal um, sie ging immer noch ohne Eile und ohne Ziel; sie ging durch alle Geschäftigkeiten dieser Stadt, durch das eindrucksvolle Spalier ihres Wohllebens, sie ging vorbei an der gesichtslosen Armee zielbestimmter Zeitgenossen, die, beladen und beflügelt von Wünschen und Pflichten, ihrer Wege zog, hinauf und hinab, in unaufhörlichem Gewoge, gedrängt, gestoßen, geordnet in ihrer Bahn von Signallampen und den weiß warnenden Unterarmen ausgesuchter Polizisten. Lena ging unter all dem Rufen hindurch, dem Kreischen und Klingeln, durch alle Einsamkeiten und Verlorenheiten dieser Stadt, und da sie ging, schien sie unablässig weitergehen zu müssen. Und sie fügte sich dem Sog und dem Anspruch und ging: vorbei an einer aufgerissenen Straße, in der unten, auf grundwasserbedeckter Sohle, Männer mit freiem Oberkörper arbeiteten. In das Hämmern und Rattern ihrer Preßluftbohrer dröhnte gewaltig und erschütternd der zischende Hammerschlag einer Ramme, die harte Eichenbohlen in den Grund stieß, als Stütze und Sicherung. Die schweißüberströmten Rücken der Männer glänzten auf dem Grunde des Schachts, und Lena blickte auf sie hinab und ging vorbei, und auf verengtem Bürgersteig kam sie zum Rathausplatz. Die Auffahrt zum Rathaus war gesperrt. Gutgelaunte Polizisten bügelten die Vorsprünge der Menschenmauer aus, die sich vor dem Portal eingefunden hatte, und es strömten immer neue Leute herbei, und auch Lena wurde von dem Strom erfaßt und nach vorn gedrückt. Der Hüne mit dem rosigen Kindergesicht fürchtete, sie hier zu verlieren, und er zwängte sich kraftvoll hindurch, setzte mit der Schulter an, öffnete sich Gassen, die sich hinter ihm sofort wieder schlossen, und es gelang ihm, Lena im Auge zu behalten. Aber plötzlich entstand eine rollende Bewegung in der Mauer, er wurde wider Willen nach vorn getragen, und als sich die Bewegung ausgeglichen hatte, stand er unmittelbar hinter dem Mädchen. Ihr Rücken drückte leicht gegen seine Brust, doch er machte keinen Versuch, fortzukommen, denn alle standen gepreßt und eingezwängt, alle nahmen die spontane Nähe und Berührung in Kauf, und er blieb stehen und sah auf ihr langes, kräftiges, schwarzes Haar.

Der ewige Wind der Stadt bauschte die Flaggen, die über dem Eingang zum Rathaus wehten, er blähte sie nach Segelart, brachte sie zum Schwellen, als ob er sie zu fernen Küsten treiben wollte, zu entlegenen Gestaden, von denen die Stadt seit altersher Gewinn und Reichtum bezogen hatte. In der Mitte bauschte sich die Flagge der Stadt, links neben ihr die Flagge der Republik, und rechts, neu und tuchfrisch und unverwendet bisher, die Flagge eines fremden, afrikanischen Staates: der Seewind schwellte sie gleichermaßen.

Die Menschen harrten aus im Anblick der Flaggen, und dann lief eine murmelnde Unruhe die Reihen entlang, ein Schieben, ein Drängen, ein Köpfedrehen begann, der Staatsbesuch nahte zum Abschiedsempfang. Rathausdiener kamen hinter den Lorbeerbäumen am Eingang zum Vorschein, angetan mit Pluderhosen, mit den alten Westen in burgundischem Rot; sie traten auf die Straße, richteten sich aus: die Würde, die sie zeigten, wurde gut bezahlt, ihre Haltung sicherte ihnen Pensionsfrieden im Alter. Sie standen und starrten in würdiger Magerkeit, während nun eine Autokolonne sehr schnell näherkam und vor dem Rathaus hielt. Die Türen der Autos wurden geöffnet, und obwohl ein gutes Dutzend Herren ausstieg, schien doch nur einer ausgestiegen zu sein, einer, der alle Blicke anzog, dem allein Interesse, Augenmerk und linder Beifall galt: der Monarch des afrikanischen Staates. Sein Auge blickte dankbar und melancholisch, in seinem breiten, braunen Erdnußgesicht regte sich nichts.

Da erklang eine Stimme auf dem Platz, ein kleines, blondes Mädchen mit einem Blumenstrauß in der Hand rief den Namen des Monarchen, rief ihn laut und unbekümmert und winkte mit dem Strauß. Das kleine Mädchen stand hinter dem Absperrungsseil, genau an der Stelle, wo auch Lena und der Hüne standen, und zu aller Verwunderung bewegte der Monarch unvermutet den grazilen Fuß und schritt auf das Mädchen zu, das ihm die Blümchen entgegenhielt. Und vor dem Mädchen blieb er stehen, streckte die feine, braune Monarchenhand aus und nahm die Blumen in Empfang, und er stand einen kurzen Moment in ratlosem Dank und sah das kleine Mädchen an. Dann griff er in die Tasche, zog ein silbernes Medaillon heraus und reichte es dem Mädchen. Jetzt hob sich sein Blick, und er schaute nah und ausdruckslos in Lenas Gesicht, und nach einer Sekunde fuhr seine Hand abermals in die Tasche und brachte zwei große, kupferne Münzen zum Vorschein. »Bitte«, sagte er leise, und ein winziges Lächeln bewegte seine Lippen, »bitte.« Und er gab Lena eine der Münzen, legte sie leicht und vorsichtig in ihre Hand, und nun glitt sein Blick an ihr vorbei und ruhte auf dem Hünen, der seine blaue Mütze abnahm und still lächelte. »Bitte«, sagte der Monarch auch zu ihm, »bitte«, und er reichte ihm die zweite Münze, nickte ihm zu und schritt, ohne sich umzusehen, davon.

Lena aber wandte unwillkürlich den Kopf, schaute sich um

zu dem, der nun mit ihr verbunden war durch das Geschenk der kupfernen Münze, und da erkannte sie Kuddl. Er hielt ihr lächelnd seine Münze hin und sagte:

»Es ist die gleiche.«

»Ja«, sagte sie erschrocken.

»Und hier ist sein Bild.«

Lena hörte nicht mehr, was er sagte; sie umschloß die Münze fest mit ihrer Hand, sie schob sich zur Seite, sie versuchte, aus seiner Nähe zu kommen. Die Menschenmauer wurde lockerer, durchlässiger, und das Mädchen schlüpfte durch die Lücken, überquerte den Platz und bog in die Arkaden ein. Doch sie entkam ihm nicht. Kuddl folgte ihr bis zur Promenade, wo sie sich auf eine Bank setzte und die Münze betrachtete. Er folgte ihr weiter eine Straße hinauf bis zum Hauptbahnhof, und er war hinter ihr, als sie in der Dämmerung zwischen den Gemüsehallen hindurchging zum alten Segelschiffhafen.

Die Gemüsehallen waren erleuchtet, die großen Tore geöffnet. Arbeiter mit Lederhandschuhen und in Lederschürzen türmten Kisten mit Tomaten auf, Kisten mit mattglänzenden Gurken und große Körbe mit Kohl. Über eine Rutsche wurden Kartoffeln geschüttet und in Säcke abgefüllt. Ein Mann in Gummistiefeln, der eine hochbeladene elektrische Karre mit Obst steuerte, schrie: »Platz da, Platz!« und bahnte sich einen Weg. Die strammen Anatomien der Marktfrauen gingen hin und her zwischen den Bergen von Kisten, redeten, winkten ab und lachten. Aus einer Ecke leuchteten Zitronen, vor denen ein Buckliger den Boden fegte.

Lena ging an den Hallen vorbei bis zum Kai, wo vertäute Gemüseschiffe lagen, sauber und gedrungen. Sie waren gerade den Strom hinabgekommen und hatten festgemacht und wurden entladen, und die Besitzer der Kähne standen mit

Notizbüchern auf dem Kai und schrieben mit breitem Daumen Viererkolonnen auf das Papier und strichen sie seitlich mit einem fünften Strich durch.

Niemand sah auf das Mädchen und auf den, der ihr folgte, niemand sprach sie an, und sie gingen jetzt durch die Einsamkeit des Segelschiffhafens bis zu einer kleinen alten Drehbrücke. Auf der Brücke blieb Lena stehen. Der Hüne trat in den Schatten eines langen, verrosteten Schiffskessels und blickte zu dem Mädchen hinüber, und es war eine tiefe Stille über diesem Hafenbecken, die schwarze Ruhe des Verfalls: die Kaimauer war geplatzt an einigen Stellen, manche Brocken schon ins Wasser gerutscht, und die Holzpoller waren brüchig und dünngescheuert von Leinen vergessener Schiffe, die einst Aufruhr und Leben hierher gebracht hatten. Die Briggs, die Barken und Leichter waren alle verschollen, verschollen wie die Namen, die sie getragen hatten, fort und verschwunden wie die Männer, mit denen sie bemannt waren. Und Lena stand auf der geländerlosen alten Drehbrücke und sah über das leere und dunkle Hafenbecken der Segelschiffe, deren Masten hier ihre schwankende Bewegung in den Himmel geschrieben hatten, mit deren Kielen Geschichten und Schicksale gereist waren, die ihre Zeit gehabt hatten und gestorben waren. Das Mädchen stand lange so in gesammelter und versunkener Haltung, mit herabhängenden Armen, das Gesicht auf das sanft schwappende Wasser gerichtet, über das wirre Lichtlinien ferner Lampen liefen. Und auf einmal neigte es sich nach vorn, langsam, stetig, sonderbar gestrafft, wie ein Baum fast in dem Augenblick, da er zu stürzen beginnt: mit dieser herausfordernden Langsamkeit, dieser tragischen Geradheit, und obwohl der Hüne alles beobachtete, den Anfang, die Entwicklung des Sturzes, blieb er im Schatten des Schiffskessels, festgehalten und verurteilt zum Sehen. Er verfolgte den Sturz des Körpers, hörte den knappen Aufschlag im Wasser, und noch einmal das schwächere Geräusch des Wassers, das zurückfiel, und dann war es still.

Er trat aus dem Schatten, er rannte zur Brücke, er sah hinab, und als er nichts entdeckte, drückte er sich vom erhöhten Brükkenrand ab und sprang. Er sprang mit den Füßen zuerst, und er breitete die Arme aus, um nicht so tief einzutauchen, aber das Gewicht seines Körpers riß ihn hinab, so daß er ganz unter Wasser verschwand. Das Wasser war kalt und ölig und schwer, und er spürte einen unbestimmbaren flächigen Schmerz auf der Haut, und er drehte sich unter Wasser mit ausgestreckten Armen im Kreis und schwamm schräg nach oben. Und während er hinaufruderte, streifte sein Gesicht Lenas Mantel. Er ergriff ihn mit beiden Händen, riß ihn an sich und schob einen Arm unter die Achsel des Mädchens, und mit dem andern Arm zog er kraftvoll durchs Wasser und brachte sie neben der Kaimauer an die Oberfläche. Er tastete die Kaimauer ab, bis seine Hand eine Sprosse der verankerten Eisenleiter berührte, dann schob er seine Schulter unter das Mädchen, balancierte höher steigend ihr Gewicht aus und trug sie keuchend, Schritt für Schritt, hinauf bis zur alten Drehbrücke.

Kuddl sah sich schnell um, aber es war niemand in der Nähe, nur das Tuckern einer Pinaß klang vom Ausgang des Hafenbeckens herüber, es wurde leiser, entfernte sich. Behutsam ließ er das Mädchen auf den Brückenboden hinab. Lenas Augen waren geöffnet, und der Mann kniete neben ihr und hielt sie verzweifelt an den Schultern. Und als er merkte, daß sie den Kopf auf die Seite legte, sagte er: »Wir müssen hier weg. Wir müssen etwas Warmes anziehen.«

Lena blieb liegen und schwieg.

»Komm«, sagte der Mann, »steh auf. Es ist nicht weit. Wir können hier nicht bleiben. Versuch, ob du gehen kannst.«

Lena rührte sich nicht.

Da trat er vor sie hin, bückte sich, ergriff ihre Hände und zog sie gewaltsam empor, so daß ihr Kopf vom Schwung zurückschlug. Sie prallte gegen ihn, stöhnte einmal, und der Hüne hielt sie fest, während sie die Handflächen gegen ihr Gesicht preßte und lautlos weinte. Er fühlte die Erschütterungen ihres Körpers, fühlte, wie ein Schmerz sie schüttelte, und er sagte:

»Komm, komm hier weg.«

Und er legte seinen Arm um sie und schob sie langsam und dann immer schneller voran, und sie schwiegen den ganzen Weg, der sie hinter den Markthallen vorbeiführte, eine Straße entlang, an der keine Häuser mehr standen, und zuletzt ein Stück auf einem schmalen Pfad, der hoch auf der Böschung neben dem Strom lief. Die Böschung fiel steil ab und war unten ausgewaschen und unterspült, und der Mann wechselte auf die Seite, wo es glatt und steil abfiel und ließ Lena dort gehen, wo dicht neben dem Pfad Felder mit Kohl, mit Sellerie und Kartoffeln begannen. Und es fiel kein Wort zwischen ihnen, bis sie vor einem flachen Haus mit Teerdach standen, das unerleuchtet zwischen gestutzten Linden lag.

Lena wurde langsamer, er spürte ihr Zögern, ihre Abwehr und Unentschlossenheit, und Kuddl sagte:

»Sie sind da. Sie sitzen immer im Dunkeln auf dem Sofa. Die Alten haben uns schon gesehen.«

»Ich muß zurück«, sagte sie, »ich muß schnell zurück.«

»Später«, sagte er, »wenn du trocken bist.«

»Ich hab nichts bei mir. Ich brauche meine Sachen.«

»Das hat Zeit«, sagte er. »Erst müssen wir trocken werden und etwas Warmes trinken.«

Er öffnete die Tür und zog sie in einen kühlen Flur hinein. Er drehte an einem Schalter, eine unverkleidete elektrische Birne flammte auf, und der Mann sah jetzt, daß Lena sehr fror, und er ging mit ihr eine Holztreppe hinauf auf den Boden und führte sie in eine Kammer. Es stand ein uraltes, breites Bett darin und eine Waschkommode mit fleckiger Marmorplatte und daneben ein Eimer.

»Hier«, sagte er, »hier können Sie bleiben. Ich werde noch den Heizofen reinstellen und etwas Warmes zum Trinken bringen. Dann werden Sie bald trocken sein.«

Er drehte sich um und ging wieder die Treppe hinab, und nach einer Weile kam er beladen nach oben. Er brachte auch zwei Handtücher mit und einen Wollpullover, und er gab Lena alles und kramte dann auf dem Boden nach einer langen Kabelschnur für den Heizofen, den er nur unten anschließen konnte. Während er den Heizofen in Gang brachte, zog Lena sich aus, und als er noch einmal zu ihr hineinsah, lag sie schon in dem uralten Bett. Sie hatte die zerschlissene Steppdecke bis ans Kinn hochgezogen.

»Danke«, sagte sie leise.

»Ah«, sagte er, »nichts. Es ist gar nichts. Versuchen Sie, zu schlafen. Aber trinken Sie noch das Glas aus vorher. Es ist Johannisbeerwein, den mein Vater selbst macht. Er schmeckt furchtbar, aber er wärmt.«

»Nein«, sagte Lena, »danke. Es wird schon so wärmer.«

»Ich werde den Heizofen etwas herumdrehen, dann trocknet er die Sachen, und Sie kriegen auch noch etwas Wärme ab.«

»Ja«, sagte sie.

Und er beugte sich hinab und drehte den Heizofen zum Kopfende.

»Ich lasse ihn noch eine Zeit brennen. Sie brauchen nicht

aufzustehen. Ich werde unten nur die Schnur rausziehen.« Er erhob sich, er konnte gerade aufrecht stehen in der Kammer, und er sah einen Augenblick schweigend auf sie hinab. Dann sagte er:

»Morgen ist alles anders. Alles ist vorbei. Morgen werden Sie nach Hause gehen. Es wird nicht schwer sein, Lena.«

»Ich kann nicht«, sagte sie.

»Wir können alles«, sagte er. »Wenn man nicht weiterkann, dann muß man zurück, und dann kann man alles.« Von unten drang ein Geräusch herauf, ein Scheppern und Kollern, als wäre ein Aluminiumtopf auf den Steinboden gefallen, und dann hörten sie einen dumpfen Fluch.

»Was war das?« fragte Lena.

»Nichts«, sagte er. »Da ist etwas runtergefallen.«

Und er nickte ihr zu und ging hinab.

Der Meldeschein war unvollständig. Alle anderen Papiere waren fertig und stimmten überein, aber der Meldeschein war mit einer Maschine geschrieben worden, und Hinrichs konnte nur die Zahl im Geburtsdatum tilgen, er konnte sie nicht durch eine neue Zahl ersetzen. Er stieg auf die Fähre an einem sonnenlosen Morgen und hatte alle Papiere in seiner Joppentasche und überlegte, wo er den Meldeschein fertig machen könnte. Und zuerst fuhr er zum Kontor der Taucherfirma und fiel bei der Sekretärin ein, die ihn mit freundlicher Gleichgültigkeit musterte. Sie erhob sich nicht, als er eintrat, sie blieb hinter ihrer Maschine sitzen, auf blankem Drehsessel, und es war nicht viel mehr von ihr zu sehen, als das müde, teigige Gesicht und ein Stück der Schultern, die ein breitmaschiger, rosafarbener Pullover bedeckte.

Hinrichs zog nacheinander die Papiere heraus und legte sie auf die Tonbank, und dann sah er zu ihr hinüber, und über ihrem Kopf erkannte er, gelb auf grünem Grund, den Wahlspruch des Herzens: SEI GUT ZU DEINEM NÄCHSTEN. Den Wahlspruch hatte die große Zeitung mit Kalender geliefert, er war die Parole des ganzen Jahres, das Jahr zu dreihundertfünfundsechzig Tagen.

Gegenüber der Sekretärin stand eine zweite Schreibmaschine, unbenutzt, von passender Schutzhülle bedeckt, und der Mann deutete darauf und sagte:

»Darf ich da mal ran? Ich hab nur eine kleine Sache, um alles vollständig zu machen. Es dauert nur einen Moment.«

Er sagte das ruhig und mit biederem Lächeln, er hatte sich mit einem Blick vergewissert, daß die Sekretärin nicht sehen konnte, was man an der anderen Maschine schrieb, denn die unbenutzte Maschine stand hoch auf dem Schreibtisch und gab genügend Deckung.

Doch die Sekretärin sagte:

»Geben Sie her. Ich schreibe es für Sie.«

»Danke«, sagte Hinrichs, »vielen Dank, aber das ist nicht nötig. Es ist nur eine Kleinigkeit, und ich möchte Sie nicht stören.«

»Das macht nichts«, sagte die Sekretärin.

Sie schraubte etwas heraus aus der Maschine und zog ein leeres Blatt ein und sagte:

»Ja, wir können anfangen.«

»Einen Augenblick«, sagte Hinrichs. Er blätterte in seinen Papieren, ließ sie zweimal durch die Hand laufen, schließlich nahm er den Geburtsschein, reichte ihn über den Schreibtisch und sagte:

»Dieser hier ist es, der Geburtsschein. Ich möchte eine Abschrift davon.«

Die Sekretärin nahm den Schein ohne Erstaunen an sich, schrieb ihn ab und reichte ihn mit der Abschrift Hinrichs hinüber, und der Mann faltete beides sehr sorgfältig vor ihren Augen zusammen und schob alles in die Joppentasche.

»Vielen Dank«, sagte er, »ich hätte einen halben Tag daran gesessen.« Und er grüßte und verließ das Kontor, und er lief die Uferstraße hinab bis zur Überseebrücke, an Geschäften vorbei, in denen sie Positionslaternen verkauften und Ölzeug und gute, handliche Rumfässer, und er dachte, daß es in dieser

Stadt wohl hunderttausend Schreibmaschinen geben müßte, und daß er nur eine brauchte, zehn Sekunden lang. Er ging an all den Geschäften vorbei, und durch eine der alten, grauen, zugigen Bürostraßen; in den Büros brannte das elektrische Licht auch am Tage, und hinter den Milchglasscheiben erklang das schnelle, unregelmäßige Hämmern der Schreibmaschinen. Das Hämmern blieb, es verfolgte ihn die leere Straße hinab, und er blickte im Vorübergehn auf die Schatten hinter den Milchglasscheiben, die das Geräusch verursachten.

Dann fand er das Geschäft, das er suchte. Er blieb vor dem Schaufenster stehen, in dem eine Anzahl gebrauchter Schreibmaschinen ausgestellt war, alte Modelle, aufgeputzt und in Benzin gewaschen. Sie glänzten unter dem indirekten Licht wie in einem seichten Bad.

Hinrichs betrat den Laden, und der Besitzer kam aus einer verkleideten Nische hervor, ein rundwangiger, selbstzufriedener Zeitgenosse in braunem Kittel. Er sah aus wie der Mann auf dem Plakat, der sich seine Freunde erhält, indem er ein ganz bestimmtes Mittel gegen Haarausfall verwendet.

»Ich könnte eine alte Maschine gebrauchen«, sagte Hinrichs.

»Ja«, sagte der Mann im braunen Kittel.

»Darf man sich mal umsehen?«

»Natürlich. Sehen Sie sich um. Sie können die Maschinen selbst ausprobieren. Alles ist zu Ihrer Verfügung.« Er machte eine Handbewegung zu den Maschinen hin und zog hinter einem Vorhang einige Übungsbogen hervor und bot sie Hinrichs an.

»Versuchen Sie mal, vielleicht ist etwas Passendes dabei.« Er stieß ein kurzes, aufforderndes Lachen aus und verschwand hinter der Nischenverkleidung.

Hinrichs prüfte die Maschinen, er setzte sich vor mehrere

hin und machte einige knallende Anschläge auf dem Übungsbogen, und in einer Ecke blätterte er den Meldeschein auf,
spannte ihn ein, drehte ihn ruhig und genau bis zur Anschlags-
höhe, und dann wählte er sorgsam die Taste und sah auf die
vernarbte Kuppe seines Zeigefingers hinab. Und jetzt krümmte
und senkte er den Finger und schlug ohne besondere Kraft an:
der Meldeschein war wieder vollständig.

Er hob den Kopf und lauschte zur Nische hin, aus der ein
feines Kratzen zu ihm drang, das Geräusch einer harten
Bürste, die über Stahlteile fuhr, und er spannte wieder einen
Übungsbogen ein und begann zu schreiben. Und während er
nun schrieb, setzte wieder dieser würgende Druck auf seinen
Magen ein, eine stockende Übelkeit, die er an sich kannte,
ein heißer, schmerzhafter Zug im Nacken. Er schob die wirr
beschriebenen Bogen zur Seite und stand auf und ging zur
Nische hinüber.

»Schade«, sagte Hinrichs gegen den Stoffvorhang. »Ich habe
nichts gefunden.«

Der Besitzer steckte sein selbstzufriedenes Gesicht heraus,
er lächelte bedauernd:

»Tut mir leid«, sagte er.

»Ja«, sagte Hinrichs. »Vielleicht später mal.«

»Bitte, ich kriege immer neue Sachen rein. Es wechselt ständig bei uns.«

Er brachte Hinrichs zur Tür und verschwand sofort wieder
hinter dem Vorhang der Nische, und der alte Taucher ging
rüber in eine der besseren Schnellimbißstuben und trank
stehend eine Tasse Kaffee. Der Kaffee war wie ein rotierender,
erhitzter Ball in seinem Magen, und der Mann stöhnte leise
unter diesem Gefühl und hörte nicht, wie sich die blonde, geschwollene Verkäuferin mit einer Kollegin über einen Traum

unterhielt, den sie in der letzten Nacht gehabt hatte. Er suchte sein Gesicht in einem breiten, beschrifteten Spiegel an der gegenüberliegenden Wand, er drehte den Kopf, um sich zu finden, und in der leichten Bewegung entdeckte er sich: eingeschlossen von einem Würstchenturm und einem großen Glas mit Gurken, ein schmales, erschöpftes Gesicht auf einem mageren Hals. Und er nickte sich knapp und heimlich zu, unmerklich für die, die neben ihm standen, eine Anerkennung, ein geheimer Zuspruch, eine unscheinbare, an sich selbst gerichtete Beteuerung, und es war, als habe die Erde an ihrer Achse stillgestanden für einen Augenblick und beginne sich nun wieder schwer und entscheidend und mit neuen Hoffnungen zu drehen.

Er blickte auf die Uhr, es war Zeit, zu gehen; die Stunden, die er sich freigenommen hatte zur Beschaffung der Papiere, waren nahezu vorüber. Er zahlte und schlug die Richtung zum Hafen ein. Ein kleiner Junge lief barfuß und in wildem Zickzack vor ihm her. Der Junge hielt zwei riesige Kohlköpfe umklammert. Er hatte sie unten an den schwarzen Schuten aufgegabelt, und er preßte sie glücklich und mit wichtiger Miene an seine Brust. Er lief mit gleichbleibender Geschwindigkeit eine steile Straße hinauf und stürzte blitzartig in einen der düsteren Torwege.

Hinrichs fuhr in zwei Etappen zum Prahm hinüber, ins Hafenbecken der toten Schiffe. Auf dem Prahm waren Stroppen ausgelegt, armdicke und ölverschmierte Stahltrossen zum Anschlagen des Wracks, und Hinrichs stieg über die langen Buchten hinweg zu seinem Schapp. Der Hüne und ein junger Mann in neuem Overall knieten in einem Dingi und führten die Stroppen langsam und Hand über Hand einem Taucher zu, der sie unten in Empfang nahm. Auch der Chef war da an diesem Morgen, Egon Iversen, kurzbeinig und athletisch.

Nachdem Hinrichs sich umgezogen hatte, ging er zur Bordkante des Prahms, wo der Chef stand und die Pumpenleute und Signalmänner. Das Wrack wurde klargemacht zum Heben, und es war ein Augenblick, auf den sie alle warteten. Das Wrack war abgedichtet, die Taucher hatten die großen Schiffsöffnungen verschlossen, und über einer Deckluke war ein Kofferdamm errichtet, ein wasserdichter Holzaufbau, durch den der Schlauch in den Schiffskörper geführt wurde. Die Pumpen arbeiteten vibrierend und summend, und es lag eine Spannung auf den Gesichtern der Männer, eine geduldige Erwartung.

Hinrichs bekam seine Anweisungen und wurde fertiggemacht zum Einsteigen. Er trat auf die Einstiegsleiter, das Helmfenster wurde zugeschraubt, und er sah dabei noch einmal zu dem Dingi, von dem die Stroppen nach unten geführt wurden. Und jetzt drehte sich der junge Mann in dem neuen Overall um, kurz, schnell, er wandte nur den Kopf, um nach den Buchten der Trosse zu sehen, um ein großes Stück nachzuziehen, und Hinrichs sah, daß es Manfred war. Der Junge trug eine dunkelblaue Wollmütze, und an den Händen hatte er die breiten, ledernen Arbeitshandschuhe, und er machte den Eindruck, als habe er schon immer zur Besatzung des Prahms gehört. Der Hüne winkte ihm, rascher nachzugeben, und Manfred hob die Trosse auf seine Schulter und fierte sie ein Stück weg. Die Trosse schnitt mit ihrem hängenden Gewicht in seine Schulter, sie drückte ihn zur Seite, aber er hielt sie kraftvoll und keuchend fest, er ließ sie nicht ausrauschen, behielt sie unter Kontrolle.

Hinrichs ließ sich hinab auf den Grund des Hafenbeckens, er sank langsam, und im Sinken dachte er an den Jungen, der mit verbissenem Gesicht im Dingi saß und die Trosse hielt, mit der das Wrack angeschlagen wurde. Er empfand ein leises, eintöniges Dröhnen in seinen Ohren, er nahm den plötzlichen Anblick des Jungen mit hinab, die lähmende Verwunderung, die Überraschung darüber, daß er so unvermutet hier aufgetaucht war, und Hinrichs versuchte, während er sank, sich vorzustellen, was den Jungen hierher gebracht hatte. Und er dachte an Lena und an die Zementplattform hoch am steinernen Kanzler, auf der er lag, als sie ihn zusammengeschlagen hatten.

Dann landete er weich im Schlick, dicht neben der Bordwand des gesunkenen Schiffes, und er tastete sich vor bis zu der Stelle, wo sie die Stroppen abfingen und am Wrack befestigten. Er übernahm jetzt das Abfangen, übernahm die Trosse aus den Händen des knienden und keuchenden Jungen oben im Dingi, und er führte sie einem anderen Taucher zu. Sie befestigten die Stroppen, sie unterfingen das Wrack mit starken Stahlketten und zogen die Ketten hinauf zu den großen Hebeschuten, die, bis zur Wasserlinie geflutet, an der Oberfläche zu beiden Seiten des Wracks lagen. Auf den Hebeschuten warteten Männer neben den Handwinden, und nachdem die Ketten um Eisenträger gelegt waren, begannen die Männer an den Handwinden zu arbeiten, sie drehten leicht und vorsichtig zuerst, und dabei wurden die schweren Ketten unter Wasser an den Körper des Wracks gezogen. Zuletzt drehten die Männer mit kurzem Arm und mit kurzen Atemstößen, sie hängten sich an die Winde, zwangen sie noch einmal und noch einmal mit ihrem Körper herab, bis es nicht mehr weiter ging und die Kette sehr fest am Wrack lag.

Und während nun die Hebeschuten leergepumpt wurden, kamen die Taucher herauf. Sie legten die kupfernen Helme ab und die Zusatzgewichte und die Bleischuhe, und sie starrten auf die gefluteten Schuten, die sich allmählich immer höher aus dem Wasser heraushoben. Je höher die Schuten aus dem Wasser kamen, desto mehr krängten sie nach innen, sie neigten sich dem gesunkenen und jetzt auftauchenden Schiff zu, und es sah aus, als erwiesen sie ihm einen schwerfälligen und geheimnisvollen Gruß.

Das Wrack hatte sich vom Boden gelöst, es hing zwischen den Schuten und hatte Halt gefunden auf den Ketten, aber es schwamm nicht von allein auf. Und zwei Männer gaben die Stroppen auf einen Schwimmkran hinüber, und auf dem Kran zogen sie die Stroppen fest, um den Schuten zu helfen; doch der kleine Frachter war nicht schwimmfähig, er hielt sich nicht. Er war heraus bis zu den Aufbauten. Er lag im Licht vor ihnen, befreit aus der kalten Dunkelheit der Tiefe, bewachsen und verrostet und bedeckt von Muscheln und schwarzem Schlamm, der in trägen Bächen über ihn hinfloß. Sein Name war verwaschen, unleserlich, aus der Ankerklüse baumelte ein Stück der rostzerfressenen Kette heraus, sie bewegte sich ein wenig, sie schlug knapp und dumpf gegen den Vorsteven: rätselhafte Signale, unergründliche Zeichen für sich selbst. Der Dampfer braucht einen Namen, dachte Hinrichs, seinen alten oder einen neuen Namen, denn ohne Namen liegt kein Schiff in der Welt sicher auf dem Wasser. Sie müssen ihm erst einen Namen geben, dachte er.

Die Schuten waren fast leergepumpt, und da sie unaufhaltsam zur Oberfläche drängten, hoben sie auch das Wrack empor, das jetzt etwas schief in den Ketten lag, aber sicher noch und transportfähig. Die Spannung und die Erwartung der Männer hatten sich gelegt, ihre Verständigungsrufe wurden seltener, und mitunter lag eine vollkommene Stille über dem Hafenbecken, die Stille der Erschöpfung.

Das Wrack schwamm und schwamm nicht auf. Es blieb auf den Ketten liegen, und die Männer holten den Schlepper heran, der unter Dampf am Ausgang des Hafenbeckens lag, und es wurde eine Schleppverbindung hergestellt und das Wrack, hängend zwischen den schweren Hebeschuten, in behutsamem Manöver abgeschleppt. Sie dampften langsam davon unter sonnenlosem Himmel, ein trauriger Zug, eine sanfte, ergreifende und erschütternde Fahrt, und Hinrichs dachte an das Bild von dem verwundeten Soldaten, der von zwei Kameraden gestützt über einen weiten, braunen Acker geht, mit frisch verbundenen Augen, ohne Kenntnis des Weges, ohne Kenntnis des Ziels. Einer der Pumpenmänner fragte:

»Wo schleppen sie ihn hin?«

Und der Chef sagte:

»Zur Werft. Da werden sie ihn vorsichtig absetzen.«

»Werden sie ihn neu auftakeln auf der Werft?«

»Vielleicht. Vielleicht auch nicht. Es kommt darauf an, was der Dampfer noch in sich hat, ob ihm die Jahre etwas ausgemacht haben. Ich gebe ihm keine großen Chancen.«

»Außen hat er sich ganz gut gehalten.«

»Ja«, sagte der Chef, »außen ja. Aber das genügt nicht. Manche schwimmen sogar noch, und sie sind nicht mehr wert als ihr Schrottpreis. Bei einem Wrack mußt du dir alles genau ansehen.«

Der Schleppzug lief mit kleiner Fahrt durch den Ausgang des Hafenbeckens, und eine Weile waren noch die Aufbauten des Wracks hinter der Kaimauer zu sehen, sie bewegten sich still und sonderbar feierlich in Richtung zur Werft.

»Morgen setzen wir ihn auf Land«, sagte der Chef. »Dann werden wir sehen, was mit dem Dampfer los ist. Vor morgen Abend wissen wir nichts.«

Dann stieg der Chef auf einen Hebeleichter hinüber, und auch ein großer Teil der Männer stieg über, sie legten ab und fuhren hinter dem Schleppzug her. Sie fuhren zur Taucherwerft, die an einem natürlichen Seitenarm des Stromes lag, eine Werft mit einem roten Ziegelhaus, mit Schuppen und Slipanlagen. Überall lagen Teile von Schiffen, der Kiel eines Frachters, Schrauben, Ankerketten und Bodenplatten, herausgeschnittene Stücke von Bordwänden: die Reste meermuscheliger Erinnerung, der traurige Nachlaß eines schwimmenden Traums. Hart neben dem Wasser lag ein altes Unterseeboot, der Kran hatte es abgesetzt zwischen zwei Baumgruppen, und jetzt lehnten mehrere Leitern an dem Boot, und drei Männer knieten in der Mitte des dunklen Rumpfes und zogen ein kupfernes Leitungsgestänge heraus. Es sah aus, als ob sie auf einem großen, erlegten Tier knieten, das sie nun ausweideten, dessen kostbare Organe sie unbeschädigt hervorholen wollten. Der Turm war schon herausgeschnitten, der Kopf, und man sah von einer Seite in die schwarze Öffnung des Leibes – ein ergiebiger Leichnam, ein gewinnbringender Toter.

Der Hebeleichter mit den Männern vom Prahm machte an einem Steg bei der Werft fest, sie stiegen aus und begannen, alles vorzubereiten für das Aufdocken des Wracks. Die Slipanlagen wurden freigemacht, Stützen wurden bereitgestellt; große Flaschenzüge, und Hinrichs arbeitete dabei mit Ohlsen zusammen, einem alten, krummen Schiffszimmerer, der die ganze Zeit fluchte und zischte, als ob er unter Dampf stünde. Der alte Zimmermann fluchte über die Männer und die Zeit und vor allem über die neumodischen Schiffe, die ihm wie Hotels vorkamen mit all ihrem Glas und der Wärme und dem Radarkram, der nur die Besatzungen blind machte. Hinrichs achtete nicht auf sein Fluchen, und als der Schiffszimmerer mit seinem Leinensack abzog und über eine angrenzende Wiese nach Hause schaukelte, kam er sich wie befreit vor.

Es waren nur noch wenige Männer auf der Werft, und Hinrichs ging mit einem kurzen, kupfernen Leitungsstück in der Hand über den schwach abfallenden Platz zu den Schuppen. In den Schuppen lagerten Schiffsteile, die hoch aufeinander geschichtet waren, Motorenteile, Schrauben, Leitungen und Stapel von Planken. An manchen Stellen reichten die Stapel bis zur Decke: die besseren Teile von toten Schiffen, die nicht verrotten sollten. Der Mann betrat einen der Schuppen und stand mit dem Rücken zum Eingang, bis er sich an das Dämmerlicht gewöhnt hatte, kein Geräusch drang aus diesem Schuppen heraus. Suchend ging er zwischen den Stapeln hindurch bis zur Rückwand, und da fand er den Kupferhaufen. Doch bevor er das Leitungsstück auf den Haufen warf, hielt er in seiner Bewegung inne wie unter einem Schlag. Vor ihm stand Manfred. Der Junge hatte ein Bündel von Rohren hereingeschleppt und lehnte außer Atem neben der Holzwand und lächelte schmaläugig und etwas hilflos, als er Hinrichs vor sich bemerkte. Sie standen sich schweigend gegenüber, und Hinrichs umschloß fest das Leitungsstück und spürte, wie es heiß wurde in seiner Hand. Er drückte das Metall unwillkürlich gegen seinen Oberschenkel, es bog sich unter seinem Druck, es gab weich und zugleich fühlbar nach, und die Männer standen regungslos und sahen sich in die Augen.

Hinrichs sprach zuerst. Er sagte:

»Wo ist Lena?«

Die Frage traf den Jungen wie eine Erlösung; als hätte er nur darauf gewartet, sagte er:

»Ich weiß es nicht. Bestimmt. Ich habe keine Ahnung, wo sie ist. Bei mir ist Lena nicht.«

»Was hast du mit ihr gemacht?« fragte Hinrichs.

»Nichts«, sagte der Junge, »sie ist weggegangen. Sie war plötzlich weg und hat sich nicht verabschiedet. Vielleicht ist sie wieder zu Hause.«

Hinrichs nahm das Kupferstück in beide Hände und bog es mit einem Ruck durch und sagte:

»Hast du sie weggeschickt?«

»Nein. Nein, sie ist allein gegangen. Ich habe sie überall gesucht, aber ich konnte sie nicht finden.«

»Warum bist du hier? Wieso hast du dich plötzlich von deinen Leuten getrennt?« fragte Hinrichs.

»Ich will wieder arbeiten«, sagte der Junge.

»Du?«

»Ja«, sagte der Junge. »Ich will mit der Zeit meine Prüfung machen.«

»Weiß Lena, daß du hier bist?«

»Nein«, sagte der Junge. »Ich glaube nicht. Darüber haben wir nicht gesprochen. Als ich hierher kam, war Lena nicht mehr bei mir.«

»Du wirst nie mehr zusammensein mit Lena, niemals.«

»Erst einmal gehen wir ja fort«, sagte der Junge. »Ich gehe mit nach Schweden. Ich habe meine Papiere schon abgeliefert.«

Hinrichs sah ihn einen Augenblick überrascht an, und dann sagte er:

»Du auch?«

»Ja, vielleicht geht's schon in vierzehn Tagen los. Ich war heute im Kontor.«

»So«, sagte Hinrichs.

»Ich glaube, Sie sollen auch mit«, sagte der Junge. »Ich habe Ihr Taucherbuch in dem Stapel gesehen. Ich hatte es sogar in der Hand.«

»Wieso?«

»Ich wollte sehen, wie die Leute alle heißen, mit denen ich nach Schweden soll. Ich dachte: kann sein, daß ein Bekannter dabei ist.«

»Es war keiner dabei«, sagte Hinrichs.

Und plötzlich sah er, daß in Manfreds Gesicht wieder ein Ausdruck taxierenden Spotts und überlegener Verachtung erschien, und er machte zwei Schritte zur Holzwand hin, an der der Junge immer noch lehnte. Hinrichs fühlte, wie das Kupferrohr sehr heiß wurde in seiner Hand, und er sagte: »Paß auf, du. Nimm dich in acht. Ich glaube dir nicht. Ich glaube dir nichts von allem, was du mir erzählt hast, und ich will dir jetzt etwas sagen: bring mir das Mädchen nach Haus. Laß deine schmutzigen Finger von Lena. Ich warte noch bis morgen. Dann wirst du mich kennenlernen.« Er hob das Kupferrohr bis in Augenhöhe, und der Junge drückte sich von der Rückwand des Schuppens ab und nahm eine aufmerksame und halb geduckte Stellung ein.

»Ah«, sagte Hinrichs, »ich sollte zuschlagen. Du hättest es verdient, und es wäre das beste für uns beide. Aber vielleicht ist es noch zu früh.« Und er stieß einen heiseren Laut der Verachtung hervor und warf das Kupferrohr auf den Haufen.

»Verschwinde«, sagte er. »Ich kann dich nicht sehen. Geh weg!«

Manfred überlegte eine Sekunde, wie er am schnellsten an Hinrichs vorbeikommen könnte, als sie die Stimme des Chefs hörten. Er stand draußen am Eingang des Schuppens und rief sie zu sich, und er sah sie an und sagte:

»Haltet keine große Konferenz da drin. Wir müssen heute noch die Batterien unter Dach bekommen. Die da drüben vom U-Boot. Kommt mit.«

Sie gingen zum U-Boot, wo die Männer immer noch beim Ausweiden waren. Der Chef zog seinen Mantel aus und bückte sich, wobei die Haut der Narbe stark zu pulsen begann, und er lud sich allein einen Block Batterien auf die Schultern und trug sie zum Schuppen. Auch Hinrichs und der Junge luden sich Batterien in Stücken auf und gingen blicklos aneinander vorbei, wenn sie sich begegneten. Zum Schluß zogen sie zu dritt das Tor des Schuppens zu, der Chef verschloß es und steckte den Schlüssel in seine Tasche.

»Jetzt bin ich ruhiger«, sagte er. »Wir können die Batterien nicht draußen lassen.«

»Sind die noch gut?« fragte Hinrichs.

»Mehr als gut. Die feinsten Batterien, die du dir denken kannst, die besten Sachen. Für den Krieg ist das Feinste gerade gut genug. Den Dingern hat das Wasser nichts ausgemacht. Die können auch noch länger liegen und funktionieren, wenn du sie rausholst.«

»Werden die noch gebraucht?«

»Gebraucht? Ich könnte sie noch heute verkaufen. Ich habe ein halbes Dutzend Interessenten dafür. Diese Akkus sind ein Vermögen wert, und ein Vermögen soll man nicht draußen liegenlassen.«

»Liegen nicht noch mehr U-Boote draußen?«

»Ja«, sagte der Chef. »Aber sie liegen erstens unter dem zerbombten Bunker. Und zweitens mußt du sie erst freibekommen. Und das ist verflucht kompliziert. – So, Schluß für heute.«

Der Chef steuerte auf das rote Ziegelhaus zu, und Hinrichs schaute ihm einen Moment nach, dann nahm er seine Joppe von einem Schlitten herab und ging ihm nach und sagte, als er dicht hinter ihm war:

»Eine Sekunde, Chef.«

»Ja, was ist?«

»Ich soll doch mit rauf nach Schweden.«

»Und?«

»Hier ist der Rest von meinen Papieren. Jetzt ist alles beisammen.«

»Fein«, sagte der Chef. »Gib her. Ich nehme sie morgen mit ins Kontor.«

Hinrichs reichte ihm die Papiere, und der Chef schob sie im Gehen in die Gesäßtasche und ließ ihn stehen. Und der alte Taucher wandte sich um und schritt das sanft abfallende Werftgelände hinab, müde zunächst und schleppend, und später in langem, kräftigem Gang.

Ich habe geschlafen«, sagte Lena. »Ich muß die ganze Zeit geschlafen haben.«

»Das ist gut«, sagte Kuddl. Er saß vor dem uralten Bett in der Bodenkammer und blickte auf das Mädchen und auf die unberührte Grießspeise, die auf einem Stuhl neben dem Kopfende stand.

»Jetzt muß ich gehen«, sagte Lena.

»Wohin?«

»Ich weiß nicht, ich kann doch nicht hierbleiben.«

»Sie werden etwas essen.«

»Nein, ich mag nichts essen. Ich habe keinen Hunger.«

»Lena«, sagte der Mann.

»Ja«, sagte sie und lächelte.

»Lena, was war los mit Ihnen an der Drehbrücke? Warum haben Sie das versucht? Sie können es mir sagen.«

Das Lächeln verschwand aus ihrem Gesicht, sie starrte zur unverputzten Decke der Bodenkammer hinauf, und sie atmete kaum, während sie so dalag: ernst, blaß und überlegend.

»Warum, Lena?«

Sie schüttelte leicht den Kopf.

»Sagen Sie es. Was ist gewesen? Es muß doch etwas gewesen sein.«

Sie preßte beide Hände vor ihr Gesicht und schüttelte abwehrend den Kopf und stöhnte unter der Qual der Fragen.

»Lena«, sagte der Mann, »ich habe ihn heute gesehen. Ich saß im Dingi mit ihm bei der Arbeit. Er arbeitet bei uns.«

Das Mädchen lag mit angehaltenem Atem da, und plötzlich fragte es:

»Hat Vater ihn gesehen?«

»Ja«, sagte der Hüne. »Sie haben auch gesprochen zusammen. Soviel, wie zwischen ihnen zu besprechen war.«

»Hat er Manfred etwas getan?«

»Nein, ich glaube nicht. Er hat ihm nur gesagt, was zu sagen war.«

»Oh Gott«, seufzte das Mädchen, »oh mein Gott.«

»Reden Sie doch, Lena«, sagte der Mann. »Hat er Ihnen etwas getan? Sie müssen jetzt alles sagen.«

»Es ist nichts«, sagte das Mädchen. »Gar nichts.«

Und sie drehte sich zur rauhen, gekalkten Holzwand und weinte. Ihre Schultern zuckten, ihr ganzer Körper zuckte unter der grünen, durchgescheuerten Steppdecke, und der Mann erhob sich und stand groß neben dem Bett. Er machte einen Schritt zur Tür, er drückte mit dem Daumen die Türklinke hinunter, als das Mädchen sich zurückwarf und sagte:

»Gehn Sie nicht, bitte. Noch nicht.«

Er ließ die Türklinke los und wandte sich um.

»Bleiben Sie noch«, sagte Lena, und dann, nach einer Pause: »Sie müssen aufpassen auf ihn. Sie müssen sehen, was Manfred macht. Ich glaube, es ist gut, wenn Sie sich um ihn kümmern.«

»Warum glauben Sie das?«

»Ich weiß nicht.«

»Sie wissen es. Sagen Sie mir, was Sie wissen, Lena.«

»Ich will fort«, sagte sie, »ich muß jetzt gehen.«

»Sie brauchen nicht allein zu gehen. Ihr Vater wartet unten auf Sie.«

»Vater?«

»Ja, er ist hier, um Sie abzuholen.«

Sie dachte einen Augenblick nach und sagte:

»Haben Sie ihm alles erzählt?«

»Nein«, sagte der Mann. »Ich habe ihm nur gesagt, daß Sie hier sind und daß er Sie abholen soll, mehr nicht.«

»Danke«, sagte Lena.

»Ist schon gut«, sagte er. Er machte ihr ein Zeichen aufzustehen, stieg mit dröhnenden Schritten die Holztreppe hinab und ging in die Stube, wo Hinrichs mit den Alten saß und selbstgemachten Johannisbeerwein trank. Kuddls Eltern saßen dicht nebeneinander auf einem Sofa mit geschwungener Lehne, sie lächelten milde, als ihr Sohn eintrat, sie lächelten Hinrichs zu, als wollten sie mit ihrem Lächeln ein Gespräch abschließen und ihm sagen: Ja, so ist er, so ist Kuddl.

Hinrichs fragte:

»Kommt sie?«

»Ja«, sagte Kuddl. »Sie zieht sich nur an. Sie hat die ganze Zeit geschlafen.«

Kuddls Mutter war schwerhörig und gewohnt, die Welt über ihren Mann zu verstehen, und sie fragte:

»Was sagt er?«

Und der Alte neigte sich zu ihr und rief durch den Trichter seiner Hand: »Sie zieht sich an!«

»Ah«, sagte sie, »schön.«

Kuddl schob Hinrichs ein Päckchen Zigaretten hinüber, er gab ihm Feuer, während die Alten mit freundlichen Mienen zusahen, und dann setzte er sich neben Hinrichs und sagte:

»Sie erzählt nichts. Aber ich glaube, da muß etwas gewesen sein. Sie ist ihm weggelaufen.«

»Er wird sie weggeschickt haben.«

»Nein, er hat sie nicht weggeschickt. Irgendwas muß geschehen sein.«

»Hat sie sonst etwas erzählt?«

»Ja. Sie sagte, wir sollen aufpassen auf ihn. Lena muß etwas wissen.«

»Vielleicht wird sie es mir erzählen.«

»Vielleicht, ja.«

Kuddls Mutter fragte, indem sie eine Hand an ihr Ohr legte: »Was sagt er?«

Und der Alte rief: »Vielleicht.«

Sie saßen eine Weile zusammen, und es fiel kein Wort mehr zwischen ihnen, nur das milde Lächeln der Alten war da, das von einem zum andern wanderte, und die ganze Stube war erfüllt von diesem Lächeln und dem Duft getrockneter Äpfel, die in einer Kuchenform auf dem Kachelofen lagen. Und dann hörten sie Lena die steile Stiege herabkommen, zögernd und bemüht, das Knarren der Stufen zu vermeiden, und Hinrichs ging allein hinaus auf den kleinen, halbdunklen Flur und erwartete sie am Treppenabsatz.

»Komm«, sagte er, als das Mädchen eine Stufe über ihm stehenblieb.

»Komm, Lena, wir gehen nach Hause.«

Sie trat zu ihm, er legte einen Arm um ihre Schulter, behutsam und weich, und er spürte, wie sie zitterte. Er spürte allen Aufruhr in ihr, alle Scheu und Kraftlosigkeit und Verzweiflung, sie sah ihm nicht ins Gesicht. Lena stand geduldig und mit abwesendem Blick neben ihm, ihre Hände steckten in den Manteltaschen, und sie drückte das Innere der Taschen gegen ihren Leib.

»Komm«, sagte Hinrichs wieder, »wir wollen gehen.«

Er rief einen Gruß in die Stube hinein und schob Lena zur

Tür, doch da erschien Kuddl noch einmal, seine mächtige Gestalt schob sich in den Flur, und er gab Lena die Hand. Er brachte sie hinaus bis zu den gestutzten Linden und sah ihnen nach, wie sie hintereinander den Pfad entlang gingen, der hoch auf der Böschung neben dem Strom verlief; er blieb solange da, bis sie nicht mehr zu sehen waren.

Hinrichs ging hinter ihr bis zur Schleuse, dann nahm er ihren Arm, und sie ließ ihren Arm gleichgültig in seinem liegen. Sie sprachen nicht miteinander während des ganzen Weges; auch als sie in die Straßenbahn stiegen, tat Lena stumm, was ihr Vater verlangte; sie blickte stumpf und abwesend vor sich hin, nickte nur manchmal, aber sie sprach nicht. Und sie fuhren in einer kaum besetzten Straßenbahn durch die Stadt und bis zur großen Brücke im Zentrum, die über einen gepflegten Binnensee führte.

Der Binnensee, von Anlagen eingefaßt, mit Schwänen und pünktlichen Motorbooten besetzt, war das Auge der Stadt, ihr öffentlich zugängliches Kleinod. Die Wimpern dieses teuren Auges gleichsam bildeten traditionsreiche Ruderhäuser, bildeten Tennisplätze und an einigen Stellen melancholisch sinnende Villen, die in nobler Zurückgezogenheit, verdeckt von Hecken und Zäunen, über ihren wachsenden Grundstückswert nachzudenken schienen. An einer Seite des Binnensees war das Panorama von einem mitfühlenden Senat freigegeben, hier reichten die Anlagen bis zum Wasser hinab, hier konnte man unberufen wandeln, hier war man hoch und festlich gestimmt aus natürlichem Grunde.

Die Brücke war von Menschen verstopft, und als die Straßenbahn zu halten gezwungen wurde, blickten auch die Fahrgäste zu den Anlagen hinüber. Dort wurde, im Zuge der Freundschaftskampagne, ein Feuerwerk abgebrannt: Raketen zischten in den grauen Abendhimmel dieser Stadt, Sterne und wild rotierende Monde, und ein Böller feuerte Kugeln hoch, die in jähem Knall hundert leuchtende Trabanten entließen, deren Fall mit einem rollenden Stöhnen der Bewunderung aufgenommen wurde. Es knatterte, es zischte und donnerte über den See, und zuletzt steigerte sich das Feuerwerk zu einer Heftigkeit, die dem Temperament der Stadt und ihrer Bürger kaum noch angemessen war. Doch unvermutet, im Zenit des Spektakels, entstand eine bedeutsame Stille, und in diese Stille hinein erfolgten nur zwei Schüsse. Und auf einmal sprangen über dem See zwei Fallschirme auf, und an ihnen schwebte, lesbar für jedermann, ein flackerndes Leuchtband herab, auf dem in bunten Buchstaben stand: DENKE JEDEN ABEND ETWAS SCHÖNES!

Hinrichs beobachtete während der ganzen Zeit Lena, das Mädchen verfolgte mit gleichgültigem Gesicht das Feuerwerk, sie zeigte keine Überraschung, keine Anteilnahme, kein Entzücken; in sich versunken stand sie da, und über das schöne, breitwangige Gesicht wetterten die Lichtexplosionen.

Jetzt ruckte die Straßenbahn an, bahnte sich klingelnd ihren Weg durch den schwarzen Strom von Zeitgenossen, die erhoben, bereichert und innig bewegt heimwärts strebten. Die Straßenbahn wurde schneller und schneller, sie fegte mit schleifendem Geräusch durch eine Allee, hielt kurz, fuhr weiter. Der Fahrer versuchte, sich und den Schaffnern noch die gewohnte Pause an der Endstation zu sichern. Ratternd und kreischend fegten sie über einen Platz, an trüben Geschäftsriesen vorbei, weiter in waghalsiger Kurve durch das Geviert der Gerichtsgebäude, und als sie vor dem Untersuchungsgefängnis hielten, wehte durch die geöffneten Türen eine Woge Musik herein.

Das Mädchen hob fragend den Kopf, und Hinrichs sagte: »Das kommt vom Rummel, Lena, jetzt ist Dom.«

Lena nickte und fiel wieder in demütige Gleichgültigkeit.

»Wollen wir hingehen?« fragte Hinrichs. »Wir kommen daran vorbei, und wir können durchgehen und kürzen den Weg ab. Es ist nicht weit bis zur Fähre. Was meinst du, Lena?«

Sie machte eine Bewegung gleichgültigen Einverständnisses, und dann hielt die Straßenbahn vor dem Jahrmarktsplatz, und sie stiegen aus. Es war ein sauberer Ruinenplatz, auf dem der Dom stattfand, eine lehmfarbene, planierte Ebene mitten in der Stadt, nur ein einzelner Bunker erhob sich auf ihr, sehr groß und sehr dunkel. Er erhob sich mit seiner finsteren Geschichte hoch über die Buden und Schaukeln, über die erleuchteten Karussells, über Zelte und Achterbahnen, ausgeschlossen von preiswertem Frohsinn, unbeachtet inmitten der handfesten Lustbarkeit.

Und sie gingen am Bunker vorbei zwischen zwei Buden hindurch auf den breiten Weg, der durch das reisende Vergnügen führte: durch die Gerüche nach Mandeln und Würstchen und explodierenden Patronen, sie gingen unter den Rufen der Budenbesitzer hindurch, unter dem Knarren der Glücksräder, der rollenden und gewalttätigen Musik aus vielen Lautsprechern; sie gingen an Leuten vorbei, die ihr Glück zur Schau stellten: erschossene Blumen und Keksdosen, Butterpäckchen am Bande, Herzen aus braunem Teig und Dauerwürste, die wie Totschläger aussahen.

Hinrichs und Lena gingen an ihnen vorbei und an dem kurzen Jubel, der auf Teufelsrädern, in Geisterbahnen und in düsteren Zelten erklang, wo man sich bereits für zwanzig Pfennig entsetzen konnte. Und als der Weg aufhörte, standen sie vor einer Schiffsschaukel, und Hinrichs sah Lena an und sagte:

»Weißt du noch, Lena? Du bist früher am liebsten in die Schiffsschaukel gegangen. Ja, weißt du noch?«

»Ja«, sagte sie.

»Du bist allein eingestiegen und hast dich sogar überschlagen mit ihr, und unten standen die Leute und staunten. Weißt du noch?«

»Oh ja, Vater.«

Sie sahen den schwingenden Schiffsschaukeln zu, sie standen und dachten an alte Zeiten, und plötzlich nahm der Mann ihre Hand, und er lächelte und sagte:

»Wollen wir's zusammen versuchen, Lena? Nur einen Augenblick, und nicht so hoch wie damals. Was meinst du?«

Das Mädchen nickte, und sie stiegen in eine Schiffsschaukel. Lena setzte sich auf die Bank in der Mitte, er stand hinter ihr, hielt mit beiden Händen die Stangen fest, und nun lehnte sie ihren Rücken gegen seine Oberschenkel, und er begann zu schwingen. Er schwang sie hinauf bis zu halber Höhe, und er empfand die kleine Wonne des Sturzes, wenn die Schaukel hinabsauste, und die schwebende Süße, wenn sie eine knappe Sekunde stillstand auf ihrem höchsten Punkt, bevor sie wieder zurückfiel.

»Lena«, rief er leise, »ist es schön, Lena?«

Sie legte den Kopf weit in den Nacken und sah zu ihm empor: auf ihrem Gesicht lag ein unerwartetes Glück. Und sie schaukelten zu Ende, und als sie ausstiegen, hakte sich Lena bei ihm ein, und sie standen lange nebeneinander und sahen den Schiffsschaukeln zu, eingezwängt im Gedränge der Zuschauer.

»Komm«, sagte Lena dann.

»Wohin?« fragte er.

»Nach Hause«, sagte sie. »Jetzt möchte ich nach Hause. Ob Timm schon schläft?«

»Sicher. Ich glaube schon.«

»Ich werde noch zu ihm gehen.«

»Ja«, sagte der Mann, »Timm ist jetzt ganz allein im Haus. Vielleicht ist es gut, wenn wir gehen.«

Sie verließen den Rummelplatz und gingen zur Fähre hinunter; sie lag schon da, vertäut am windigen Landungssteg, und die wenigen Passagiere saßen im geschützten Vordeck. Lena zog ihn zu einem Ecktisch, an dem nur zwei Stühle standen, niemand konnte sich mehr zu ihnen setzen.

»Lena«, sagte der Mann.

»Ja, Vater«, sagte sie und machte einen Versuch, zufrieden zu erscheinen.

»Jetzt weiß ich, was mit ihm los ist.«

»Mit wem?« fragte sie.

»Mit Kuddl. Ihm geht's noch schlimmer als uns.«

»Ihr arbeitet doch zusammen.«

»Ja«, sagte der Mann. »Wir arbeiten zusammen. Wir verstehen uns, wie ich mich kaum je mit einem Mann verstanden habe. Er ist so wie Fahrun, der damals nach der Sprengung unten blieb. Ich weiß nicht, was mit meiner Arbeit wäre, wenn es ihn nicht gäbe. Ich glaube, ich würde Schluß machen.«

»Er hat einen weiteren Weg zur Arbeit als du.«

»Ein Mann braucht einen Mann, wenn er arbeitet. Und manchmal suchst du solch einen Mann jahrelang und kannst ihn nicht finden. Und dann kommt einer, ihr gebt euch die Hand, und du weißt, auf den hast du gewartet.«

Die Fähre legte ab und drehte in den Strom, und Hinrichs sagte:

»Wenn du solch einen Mann triffst, dann überrascht dich nichts mehr, was du auch von ihm hörst.«

»Was hast du gehört?« fragte Lena.

»Sein Vater hat es mir erzählt, als ich unten bei ihm saß und auf dich wartete.«

»Was ist denn mit ihm?«

»Nichts weiter«, sagte Hinrichs. »Ich habe mich gewundert, warum er als erster auf dem Prahm ist, und warum er als letzter geht. Ich habe mich schon gefragt, warum sie alle mit ihm machen, was sie wollen. Jetzt weiß ich, warum.«

»Warum denn?«

»Ah«, sagte Hinrichs, »manchmal glaubst du, du kannst nicht weiter, und dann hörst du von andern, an denen noch schlimmere Sachen hängen. Und Kuddl ist so einer. Damals nach dem Krieg ist er mit zwei anderen aufs Land gefahren. Sie haben sich umgesehen draußen, und nachts haben sie ein Schwein aus dem Stall geholt und haben es gleich nebenan auf der Wiese geschlachtet. Und den Bauern muß es wohl so gehen, daß sie aus dem Schlaf aufschrecken, wenn sich nur eine Maus ein Roggenkorn holt. Dieser Bauer holte gleich die Polizei, und als die kam, da hatten die andern schon ihre Fahrräder vollgepackt; nur Kuddl stand noch auf der Wiese und schnitt an seinen Koteletts. Ihn bekamen sie denn auch, und sie gaben ihm ein paar Jahre, und er behauptete die ganze Zeit, daß er das Schwein allein holen wollte. Er arbeitete im Torf und verdiente sogar etwas im Gefängnis, aber als sie ihn entließen, da präsentierten sie ihm eine Rechnung fürs Zimmer und für Kleidung und Verpflegung. Obwohl sie seinen Verdienst anrechneten, blieben noch ein paar tausend Mark übrig, die er zu zahlen hatte; ihm wurde nichts abgewertet nach der Währungsreform, ihm nicht. Und er hat kein Wort gesagt, als er rauskam, er hat sich monatelang Arbeit gesucht, und als sie ihn auf den Prahm nahmen, da muß einer gemerkt haben, was mit ihm los war.«

»Und das Geld?« fragte Lena.

»Er hat es bezahlt, bis auf die letzte Rate. – Ich bin sehr froh, daß ich mit ihm zusammen arbeite.«

»Wir haben beide etwas bekommen«, sagte Lena, »als wir vor dem Rathaus standen. Der Kaiser hat jedem von uns eine Münze geschenkt.«

»Welcher Kaiser?«

»Der kleine«, sagte Lena. »Der mit der goldenen Uniform und den traurigen Augen. Wir standen ganz vorn am Seil, und der Kaiser gab mir eine Münze und dann ihm eine.«

»Du kannst lange suchen, bis du einen Mann findest wie Kuddl«, sagte Hinrichs.

Der Maschinentelegraph klingelte, die Fähre stoppte die Fahrt und machte am Landungssteg fest, und Hinrichs und Lena schritten an Land. Sie gingen gebeugt den Sandhügel hinauf, das Haus lag still da, und aus großer Ferne erklang das Gebell eines Hundes, der sich über die Einsamkeit der Nacht tröstete. Hinrichs stieß die Tür auf, Lena folgte ihm, und als sie beide auf dem Flur standen, hörten sie leises Wimmern aus einem Winkel.

»Licht«, rief Hinrichs, »mach das Licht an!«

Lena tat es; das Licht flammte auf, und sie sahen Timm im Winkel unter der Treppe liegen. Der Junge hatte die nackten Beine angezogen, den Kopf mit den Händen bedeckt; er wimmerte vor sich hin, und er hörte auch jetzt nicht damit auf, als das Licht ihn erreichte.

»Timm!« schrie Lena.

»Komm«, sagte der Mann, »geh zur Seite«, und er hob den Jungen auf und trug ihn in die Stube.

»Aufs Bett, Vater«, sagte Lena.

Hinrichs setzte ihn vorsichtig auf dem Bett ab. Der Junge

blutete am Kinn; auch der Hals war mit Blut bedeckt und der Kragen des Hemdes.

»Timm«, sagte Hinrichs, »mein Junge, sei ganz ruhig. Wir sind wieder da, Junge. Wir sind bei dir.«

Er legte Timms Hände zusammen und streichelte sie und blickte auf den wimmernden Jungen hinab. Lena holte einen feuchten Lappen und wischte das Blut vom Hals ab und säuberte das Kinn, und Timm schlug die Augen auf, und sein ganzer Körper zitterte. Er schaute nicht auf Hinrichs, er suchte Lena mit seinem Blick; sein Blick enthielt Angst, enthielt eine Frage und gezielten Vorwurf. Er drehte seinen Kopf, wenn Lena umherging, er sah sie fortwährend an.

»Was ist?« sagte Hinrichs. »Timm, um Gottes Willen, was ist passiert?«

Der Junge öffnete die verklebten Lippen.

»Lena«, sagte er.

»Lena ist wieder hier«, sagte Hinrichs, »schau, sie ist da.«

»Sie wollten zu Lena«, sagte der Junge.

»Wer?«

»Zwei Männer. Es war noch hell, da kamen sie. Sie wollten wissen, ob Lena hier ist. Sie haben sie gesucht.«

»Waren sie hier im Haus?«

Der Junge nickte, und er zitterte stark unter einem Schauer der Erinnerung.

»Kanntest du die Männer, Timm?«

»Nein, Vati. Sie waren schon auf dem Hof, als ich sie sah. Ich wollte sie nicht reinlassen. Aber dann merkten sie, daß ich allein war, und sie sind reingegangen. Sie haben Lena gesucht. Sie wollten wissen, ob sie hier ist.«

»Wann war das, Timm?«

»Ich weiß nicht«, sagte der Junge. Ein gurgelnder Laut drang aus seinem Mund, er begann wieder zu wimmern; er tastete nach der Decke und versuchte, sie über sich zu ziehen.

»Sei ganz still, Junge«, sagte Hinrichs, »ganz still. Ich will nur mal nachsehn. Ich bin gleich wieder zurück.« Und zu Lena:

»Deck ihn zu und bleib bei ihm.«

Der Mann erhob sich vom Bett. Er trat ans Fenster, öffnete eine Schublade und nahm sein Tauchermesser heraus. Er schob es schnell in die Joppentasche, schloß die Schublade und verließ die Stube.

Es war eine mondlose Nacht draußen, und er stand im Schutz seines Schuppens und lauschte. Er lauschte zum Pfad hinüber und den Sandhügel hinab, er umrundete das Haus, er suchte auf dem Sandhügel und unten am Strom. Er stand eine Weile aufrecht zwischen den Pappeln an der Landzunge; es war nichts, nur der Strom gluckste am Ufer, pflopfend und saugend spülte sein Wasser über die Steinbefestigung, und Hinrichs löste sich aus der Deckung der Pappeln und ging bis zum Landungssteg der Fähre und wieder zurück zum schiefen Schuppen. Eine Gruppe von Wildenten flog in sausendem Flug über ihn hinweg, den Kanälen zu: nichts weiter. Die Männer tauchten nicht auf.

Und er trat in das Haus und in die Stube, wo Timm lag. Lena hielt seine Hände unter der Decke, aber er hatte sein Gesicht von ihr abgewandt, als wenn er sich weigern wollte, sie anzusehen. Hinrichs nahm Lenas Platz auf der Bettkante ein. Er sagte:

»Mach uns Tee, Lena«, und nachdem sie gegangen war, fuhr er dem Jungen über die Stirn und fragte:

»Timm, hörst du mich, Timm?«

»Ja«, sagte der Junge.

»Sie sind weg, Timm, alle beide. Ich habe sie gesucht, aber sie sind nicht mehr da.«

»Sie wollten zu Lena.«

»Ja, Junge, ich weiß. – Hast du sonst etwas gehört von ihnen?«

»Der Große hat mich gegen die Wand gestoßen, ich wollte sie nicht reinlassen, Vati. Ich wollte nicht. Ich hab dich die ganze Zeit gerufen. Aber sie wußten, daß du nicht da warst.«

»Schlaf, Junge«, sagte der Mann. »Morgen wollen wir uns beide darum kümmern. Morgen werden wir alles in Ruhe besprechen. Wirst du schlafen?«

»Ich habe Blut am Kinn«, sagte Timm.

»Morgen ist alles besser.«

Der Mann deckte den Jungen ganz zu und drückte ihm im Fortgehen die Hand, und dann zog er die Joppe aus und ging in die Küche. Lena goß Tee auf und fragte:

»Soll ich Timm eine Tasse bringen?«

»Nein«, sagte der Mann, »er schläft jetzt.«

Sie saßen sich gegenüber und tranken den heißen Tee; Hinrichs hielt die Tasse mit beiden Händen, und während er trank, sah er zu Lena hinüber, forschend und unablässig. Und das Mädchen spürte das Drängen und die stetige, ruhige Aufforderung dieses Blicks, der sie über den Küchentisch erreichte. Lena wußte, daß sie an der Reihe war, etwas zu sagen, aber sie schwieg, und nachdem sie Tee getrunken hatten, verbarg sie sich hinter klappernder Küchenbeschäftigung, suchte dem Blick des Mannes zu entkommen. Aber der Mann blieb sitzen, er wartete, er ließ sich Zeit, bis Lena fertig war mit allem, und nachdem sie aufgeräumt hatte, sagte er nur:

»Setz dich hin, Lena.«

Das Mädchen gehorchte ihm, faltete die Hände auf dem Tisch, hielt aus.

»Erzähle«, sagte er. »Sag, was du zu sagen hast.«

»Ich weiß nicht, Vater.«

»Sag soviel, wie du weißt. Warum sind sie hierher gekommen? Warum haben sie dich gesucht?«

»Ich weiß wirklich nicht.«

»Gut«, sagte der Mann. »Du hast gesehen, was sie mit Timm gemacht haben. Vielleicht werden sie wiederkommen, wenn ich nicht hier bin. Du kannst selbst entscheiden, was du sagen willst.«

»Vater!« sagte Lena.

»Was war los?«

»Ich hielt es nicht aus, Vater. Ich bin einfach weggegangen von ihm, und ich will ihn nie mehr sehn. Ihn nicht, und die andern nicht, seine Freunde. Wenn das Kind da ist, werde ich mir etwas suchen.«

»Warum hieltest du es nicht aus?«

»Ich hasse sie. Ich hasse ihre Unterhaltungen, und wie sie sich benehmen, und alles, was sie tun. Oh, es war furchtbar. Ich will sie nie mehr sehn.«

»Weißt du, daß Manfred bei uns arbeitet?«

»Ja, dein Freund hat es mir erzählt.«

»Hat Manfred es dir nicht auch erzählt? Er hat doch sicher mit dir darüber gesprochen?«

»Nein, Vater, er hat es nur mit den andern besprochen. Ich war dabei. Und dann bin ich weggelaufen. Sie wollten auch nicht, daß ich alles höre. Und ich ging fort von ihnen und dann ...«

»Was dann?«

»Dann konnte ich nicht mehr, und auf der Brücke ... ich

hatte solche Angst … aber auf einmal war es ganz leicht … und ich dachte immer nur an euch … und als er mich rausholte, da wollte ich es zuerst wieder tun … oh, Vater …«

»Ja, Lena. Jetzt bist du wieder zu Hause. Jetzt bleibst du hier.«

Der Mann erhob sich, er nahm das Mädchen in den Arm, er sagte:

»Komm, Kind, wir wollen schlafen gehn. Timm schläft auch schon. Es wird Zeit für uns.«

»Vater«, sagte sie, »oh, Vater.«

»Ja, Lena.«

Er brachte sie zur Treppe, und Lena ging hinauf in ihr Zimmer. Sie saß im Dunkeln auf ihrem Bett. Sie sah durch das schmale Fenster hinaus auf den schwarzen Strom: ein Fischkutter lief aus, das Klopfen seines Motors hallte über das Wasser, und seine Positionslichter blinkten herüber, wankend und einsam. Lena öffnete das Fenster, und die klare, kalte Luft der Nacht drang in ihr Zimmer. Sie entkleidete sich, sie schlüpfte unter die Decke und lag still und mit offenen Augen da. Nach einer Weile richtete sie sich auf. Sie zog ihren Mantel heran, suchte die Innentasche und fuhr mit der Hand hinein, und ein leichtes Erschrecken ergriff sie: auf dem Grund der Tasche lagen zwei Münzen. Rasch zog sie die Münzen heraus, machte Licht, verglich sie: es waren zwei gleiche Münzen, beide trugen das Halbprofil des fremden, schwermütigen Monarchen, beide waren aus braunem Kupfer. Lena löschte das Licht und nahm in jede Hand eine Münze und fühlte, wie sie warm wurden. Und unmerklich beruhigte sich ihr Atem, eine friedliche Erschöpfung stellte sich ein, eine leibhaftige Schwere, und sie ging auf einen schwarzen Tunnel zu, unter einem Geräusch, das so klang wie das eintönige Gesumm von Insekten, und das Gesumm folgte ihr überall und nirgendwo hin.

S ie kamen in der zweiten Nacht. Über dem Strom lag leichter Nebel, und es war windstill, und kein Geräusch drang von der Werft herüber. Nur das warnende Nebelhorn eines aufkommenden Schiffes war zu hören, es lief den Strom hinauf, es näherte sich blind und langsam dem Hafen: auch während des Nebels floß Gewinn in die Stadt, glitt Umsatz und Reichtum stromaufwärts. Einst war der Gewinn auf Karavellen in den Hafen gelangt, auf Koggen, Fregatten, Briggs und Korvetten, nun kam er mit Tankern herein, mit schnellen Frachtern und schneeweißen Fruchtdampfern. Die neuen Schiffe waren groß, man konnte erschrecken angesichts ihrer Größe: als triebe ein Kontinent vorbei, ein ganzer, fahrbarer Erdteil mit Schätzen, so zogen sie den Strom hinauf, und in ihrem Innern lagen Berge goldenen Tabaks aus Virginia, lagen Stapel von duftendem Holz aus den Wäldern Finnlands, schwedisches Erz und Gebirge aus dänischem Schweinespeck. Die ganze Herrlichkeit der Welt ruhte in ihren erschreckend großen Bäuchen: Jute und Juchten, Kaffee und Konserven, Weine und Gewürze, hochgetürmt und gestapelt von einem Kumpel an ferner Küste ...

Sie lauschten auf die dröhnenden Signale des Nebelhorns, die das aufkommende Schiff in regelmäßigen Abständen gab, und dann erklang ein tiefer, baßartiger Ruf nach den Schleppern, die Schlepper gaben eilig Antwort, und jetzt war es still,

und die Männer wußten, daß die Schlepper das große Schiff
an einen Kai bugsierten, unter Kräne und vor Lagerschuppen.
Hinrichs saß auf einem verrotteten Rettungsboot, neben ihm
stand Kuddl, und es war die zweite Nacht, seitdem sie die
Batterien des Unterseebootes in den Schuppen gebracht hatten.
Die Männer hatten die Kragen hochgeschlagen. Sie rauchten.
Sie blickten von Zeit zu Zeit in den Nebel über dem Seitenarm des Stromes und das Ufer hinauf bis zum ausgeweideten
Unterseeboot und zur angrenzenden Wiese hinüber. Aus dem
Nebel erhoben sich die Umrisse des geborgenen Wracks, weich,
verschwimmend, ständig die Formen wechselnd, hinter wal-
lenden, weißen Nebelschwaden, und weit hinter dem Wrack
ragten die Spitzen der Pappeln aus dem Nebel hervor, stamm-
los und traurig, mit schlappen Blättern, als hätten sie keine
Berührung mit dem Boden. Der Mond hoch über dem Hafen
war ohne Glanz, ohne Leuchtkraft, und die Erde ohne ent-
schiedene Dunkelheit.

»Ich glaube, sie kommen nicht mehr«, sagte Kuddl.

»Wart ab«, sagte Hinrichs. »Ich hab heute etwas gesehen. Ich
täusche mich nicht. Aber wenn du willst, kannst du gehen. Ich
bleibe noch ein Weilchen hier. Ich bin sowieso dran heute.«

»Ich hab nichts vor«, sagte Kuddl. »Und ich bin ruhiger,
wenn ich hier bleibe. Denk an den Chef.«

»Der hat sich seinen Schlaf verdient.«

»Weiß Gott. Und er weiß bis heute nicht, wer ihm das Kupferrohr über den Schädel gezogen hat. Sie haben den Burschen
nie geschnappt.«

»Vielleicht würde der den Chef auch nicht wiedererkennen,
wenn er ihm irgendwo begegnete. Vielleicht würden sie vorbeigehen aneinander, als ob nie etwas zwischen ihnen gewesen
wäre.«

»Kann sein. Aber gnade ihm Gott, wenn ich einen zwischen die Hände bekomme. Ich würde ihn nicht loslassen.«

»Es kommt darauf an«, sagte Hinrichs. »Man muß abwarten, wie viele es sind. Und mit einem Kupferrohr kannst du dich nicht lange unterhalten.«

»Wir sind jetzt zwei«, sagte Kuddl.

»Ja«, sagte Hinrichs, und nach einer Weile: »Ich bin froh, Kuddl, daß du hier bist und daß wir zusammen sind. Du hast mir eine Menge geholfen.«

»Ah, das ist doch nichts. Was habe ich denn groß getan?«

»Manchmal kommt es gar nicht darauf an, daß man etwas tut füreinander. Manchmal ist es ebenso wichtig, wenn man weiß: da ist einer, auf den du dich verlassen kannst. Wenn man neu anfängt irgendwo, dann ist es gut, so was zu wissen, glaub mir, Kuddl.«

»Man hat es immer schwer, wenn man neu anfängt. Die Hauptsache ist, es kommt alles in Ordnung mit dir und Lena. Wenn zu Hause alles in Ordnung ist, dann kannst du allerhand einstecken und vertragen, dann wirft dich so leicht nichts um. Aber so einen warmen Bau muß man haben, eine Fuchshöhle, wo man sich in der Dunkelheit erholen kann und wo man sich auch im Dunkeln versteht. Das gibt einem verdammt viel Ausdauer. Ich kenne das selbst, und meine Alten halten den Bau sehr warm.«

»Das wird schon alles werden bei mir«, sagte Hinrichs. »Jetzt wird es nicht lange dauern. Ich glaube, Lena ist nun geheilt, und sie weiß, was sie von dem feinen Jungen zu halten hat. Und ich warte nur, bis die andern es auch rausbekommen haben, wie man mit diesen Burschen umgehen muß. Die von den Ämtern und der Polizei und der Kirche reißen sich eher ein Bein aus, als daß sie etwas auf diese Burschen kommen lassen. Die glauben immer noch, daß sie mit berufsmäßiger Güte heilen können. Auf einmal ist Geduld Mode geworden bei der Erziehung. Ich kann verstehen, warum die feinen Jungen sich da nur noch mehr herausnehmen. Die lachen doch darüber. Die Jugend, die Jugend – sind diese Burschen, die sich in Kompanien am Denkmal herumtreiben, die Jugend? Das sind doch nur ein paar – von den vielen Anständigen hörst du nichts, die haben zu arbeiten.«

»Reg dich nicht auf«, sagte Kuddl, »es hat keinen Zweck.«

»Ich darf nicht daran denken«, sagte Hinrichs. »Du mußt sie dir mal ansehn; geh mal hin, wo sie die Leute anpöbeln und Autos anhalten und einen einzelnen Mann zusammenschlagen. Ich habe es erlebt, Kuddl, und das ist kein Übermut und kein jugendlicher Frohsinn. Weißt du, was das ist?«

»Hör auf damit«, sagte Kuddl, »das geht alles vorbei. Gib mir lieber eine Zigarette. Es wird kalt.«

»Hier«, sagte Hinrichs, und er hielt dem Hünen die Packung mit den Zigaretten hin.

In diesem Augenblick hob er das Gesicht und entdeckte den Schatten vor der Schuppentür. Der Schatten rührte von einem Mann her, der ohne Bewegung auf dem Werftplatz stand, etwas vorgeneigt und lauschend, ein Mann, der plötzlich und scheinbar herkunftslos da war und in die Richtung seines Schattens blickte, der wie eine reglose Drohung auf der Schuppentür lag.

»Runter«, flüsterte Hinrichs und schob sich vorsichtig und ständig beobachtend hinter das verrottete Rettungsboot und zog den Hünen mit.

»Siehst du ihn?«

»Ja«, sagte der Hüne flüsternd. »Das ist der erste. Ich möchte nur wissen, wo er hergekommen ist.«

»Wir können ihn ja fragen«, sagte Hinrichs.

»Dann verschwinden die andern. Wir müssen warten, bis die andern kommen.«

»Und wenn er allein ist?«

»Sie sind noch nie allein gekommen.«

Der Hüne warf einen schnellen Blick nach hinten, er vergewisserte sich, daß sie selbst, kauernd hinter dem zerschlagenen Bug des alten Rettungsbootes, noch unentdeckt waren, und dann sah er wieder nach vorn, auf den bewegungslosen Schatten, der wie von einem Pfahl auf die Schuppentür fiel, mit aller Starrheit und ungeheuren Bedeutsamkeit.

Und während sie sorgfältig den einzelnen Mann beobachteten, hörten sie ein Geräusch vom Wasser her, einen Laut, der so klang, wie das Herabfallen eines Ruders auf eine Ducht, und die Männer wandten den Kopf und suchten das Ufer ab. Es war wieder sehr still, und der leichte Nebel über dem dunklen Wasser schob sich in Schwaden ineinander, zog und dehnte sich, stieg und senkte sich herab in unablässiger Bewegung: sie wußten, daß der Mann am Schuppen nicht allein hier war, wenngleich ihnen unbekannt war, wie viele er noch mitgebracht hatte. Und Hinrichs fragte:

»Hast du gehört?«

»Ja«, sagte Kuddl.

»Ich glaube, es war hinterm U-Boot. Da muß ihr Boot liegen.«

»Sie sind vorsichtig.«

»Rechnen sie mit uns?«

»Sie rechnen immer mit etwas.«

Jetzt sahen sie den zweiten Mann, er kam hinter dem abgewrackten U-Boot hervor, kam sichernd das sanft ansteigende Gelände der Werft herauf, schlug einen kleinen Bogen und stand vor der Schuppentür. Und jetzt bewegte sich auch der Schatten des ersten Mannes, sie traten zusammen, arbeiteten am Schloß der Schuppentür, sie arbeiteten kurz und kraftvoll und ganz aus dem Gelenk, und die Schuppentür öffnete sich plötzlich. Sie lauschten, sie sahen sich prüfend um, und in wortlosem Einverständnis schlüpften sie gleichzeitig in die Dunkelheit des Schuppens und zogen die Tür hinter sich zu.

»Jetzt«, sagte Hinrichs.

»Langsam«, sagte Kuddl, »nur ruhig. Das sind erst die Vorarbeiter.«

»Glaubst du, daß noch einer da ist?«

»Wahrscheinlich. Bleib du hier. Ich will mal rüber und sie begrüßen.«

»Paß auf, Kuddl.«

»Ich paß schon auf, mach dir keine Sorgen. Und laß mich nicht aus den Augen.«

Der Hüne kroch um den Bug des alten Rettungsbootes herum, ging gebückt fast bis zum Anlegesteg hinab, ging ein Stück am Ufer entlang und drehte überraschend und in totem Winkel auf die Schuppentür zu. Hinrichs verfolgte jeden seiner Schritte, sprungbereit, kauernd hinter seiner Deckung, in einer Hand das in die Scheide eingedrehte Tauchermesser. Hinrichs verfolgte, wie Kuddl dem Schuppen näher und näher kam, er war schon dicht vor dem Schatten, den das überhängende Teerdach des Schuppens warf, er hatte nur noch wenige Meter, und er brachte auch diese hinter sich und erreichte den Schatten. Er preßte seinen Körper gegen die Schuppenwand und wartete, und Hinrichs glaubte, Kuddls Atem bis zur Deckung hinter dem Rettungsboot hören zu können. Der Hüne stieß sich wieder von der Schuppenwand ab, er taxierte den Abstand bis zur Tür, und er hatte unversehens etwas in der

Hand, einen schmalen, schwarzen Gegenstand, der bis zu den Knien hinabreichte. Gott sei Dank, dachte Hinrichs, gut, daß er etwas hat. Als der Hüne den ersten Schritt zur Tür machte, erhob sich Hinrichs aus seiner Deckung, er erhob sich unwillkürlich und zwangsläufig, als käme es jetzt nicht mehr darauf an, seine Anwesenheit zu verbergen; denn hinter Kuddl war unvermutet ein Mann aufgetaucht, war hinter einer Ecke des Schuppens aufgewachsen, und Hinrichs dachte, daß er dort gelegen haben mußte, in berechnetem Hinterhalt. Bevor er handelte, dachte er, daß sie so den Chef fertiggemacht haben mußten, mit dieser doppelten Sicherung, dieser genauen Falle. Und während er beobachtete, wie der Mann im Rücken von Kuddl an der Schuppenwand entlangglitt, während er sah, daß der Mann den Hünen noch vor der Tür eingeholt haben würde, stieß er einen Ruf aus, keinen lauten Ruf, keinen artikulierten Ruf, es war nur ein spontanes, notwendiges, warnendes Signal, nur für die Entfernung bis zum Schuppen berechnet. Der Ruf erreichte den Hünen, und als ob er zu wissen schien, was dieser Ruf auf sich hatte, wandte er sich blitzschnell um, mit der linken Hand gegen den Schuppen gestützt, mit der rechten ausholend. Hinrichs sah nicht mehr, wie der Arm des Hünen emporschnellte und wie der Mann hinter ihm sich duckte und den Schlag empfing und zusammenbrach, er verließ die Deckung und lief über den Platz zum Schuppen.

»Kuddl«, sagte er heftig.

»Ist schon gut«, sagte der Hüne. »Sieh am U-Boot nach, schnell. Da ist ihr Boot. Ich bleibe hier. Nimm die Riemen raus.«

Hinrichs warf einen flüchtigen Blick auf den zusammengekrümmten Mann am Boden und lief geduckt, das Unterseeboot als Deckung benutzend, zu der Stelle am Ufer, wo er das Boot vermutete, mit dem die Männer gekommen waren. Er schob sich am Leib des Unterseebootes entlang, und als er den aufgeschweißten Bug erreicht hatte, ließ er sich auf die Erde hinab, die Erde war naß und kalt. Die Kälte drang augenblicklich durch den Stoff der Hose, er spürte sie feucht und schneidend in den Oberschenkeln, er spürte sie in den Händen, mit denen er sich aufstützte, aber er achtete nicht darauf, denn vor sich entdeckte er das Boot, ein schweres, breites Holzboot, und am Heck des Unterseebootes, mit dem Rücken zu ihm, stand ein vierter Mann und blickte zu dem Schuppen hinüber. Der Mann mußte gemerkt haben, daß zwischen den Schuppen etwas geschehen war, er starrte unverwandt dorthin, auf ein Zeichen wartend, auf einen Wink, der ihn erreichen sollte, aber es erfolgte nichts. Als Hinrichs hinter ihm stand, richtete er sich zu voller Größe auf, er hob langsam die Hand, die Hand, die das Tauchermesser hielt, und er setzte das Messer, das immer noch eingedreht in der Scheide steckte, auf den Hals des Mannes, knapp über dem Hemdkragen, und bevor der Mann unter der jähen Berührung zusammenzuckte, befahl Hinrichs mit ruhiger und kalter Stimme:

»Bleib stehen, dreh dich nicht um.«

Der Mann erstarrte, er gehorchte. Er führte ohne einen weiteren Befehl die Hände zur Seite, und Hinrichs drückte die Spitze der metallenen Scheide gegen seinen Hals.

»So bleib stehen«, sagte er, »so ist es gut. Wenn du dich benimmst, passiert dir nichts. Du brauchst von den andern nichts zu erwarten. Die sind fertig. Sei ruhig, dann passiert dir nicht dasselbe wie ihnen.«

Während Hinrichs sprach, schaute er auf das Boot hinab; es lag mit der Spitze auf Land, die Riemen hingen griffbereit in den Dollen, und die mittlere Ducht war ausgebaut.

Er überlegte, wie er die Riemen herausholen oder das Boot navigationsunfähig machen könnte, ohne den Mann aus den Augen zu lassen: er fand keine Möglichkeit. Und um aus dem Bannkreis des Bootes zu kommen, befahl er mit der ruhigen und kalten Stimme:

»Los, vorwärts, wir gehen zum Schuppen. Da kannst du deine Freunde begrüßen.«

Der Mann setzte sich in Bewegung, und Hinrichs ging unmittelbar hinter ihm, und jetzt wußte er mit endgültiger Sicherheit, was er in den letzten Sekunden, angesichts des Profils des Mannes und seiner Haltung, geahnt, aber nicht geglaubt hatte: es war Manfred, der vor ihm ging, er war es unzweifelhaft. Und Hinrichs wurde übel bei diesem Gedanken, er empfand gleichzeitig Genugtuung und Widerwillen über seinen Fang, und er befahl dem Mann, stehenzubleiben, und sagte:

»Dreh dich um, aber bleib stehen, wo du bist.«

Der Mann gehorchte. Es war Manfred. Es war der Junge in dem feinen, wattierten Jackett. Und es schien, als lächelte er mit halboffenem Mund.

»Du hast Pech gehabt«, sagte Hinrichs. »Du hattest überhaupt eine Menge Pech in der letzten Zeit. Fast könnte man dich bedauern.«

»Hoffentlich haben Sie mehr Glück«, sagte der Junge.

»Wie meinst du das?«

»Man soll seinen Mitmenschen Glück wünschen«, sagte der Junge. Er sprach in einem Ton nachlässiger Überlegenheit, er tat, als sei das alles nicht von Bedeutung und als ginge ihn die ganze Geschichte nicht sehr viel an.

»Hör mir mal fein zu«, sagte Hinrichs. »Paß genau auf, was ich dir jetzt sagen will, und spiel nicht den großen Mann: ich wußte immer, was ich von dir zu halten hatte. Aber heute weiß ich, daß du noch weniger bist. Du bist nicht nur übel, du bist feige. Du bist ein schäbiger, kleiner Verbrecher, und obendrein feige.«

»Danke für die Kuchen. Im Augenblick habe ich keinen Bedarf.«

»Ja, das willst du nicht hören.«

»Bringen Sie mich zu den andern.«

»Zu den andern? Warum? Du kannst es allein wohl nicht aushalten. Allein bist du nichts, nicht wahr? Du fängst erst an, etwas zu werden, wenn du sechs von deiner Sorte hinter dir hast. Dann fühlst du dich stark, hm? Ja, wenn ihr zusammen seid, dann werdet ihr auf einmal stark.«

»Sie kommen der Sache schon näher«, sagte der Junge. »Aber Ihre Predigt langweilt mich.«

Hinrichs stürzte sich auf ihn, ergriff die Kette mit dem Talisman über der Brust des Jungen und sah ihm nah und keuchend ins Gesicht.

»Los«, sagte der Junge. »Schlagen Sie zu. Vielleicht ist Ihnen dann wohler. Ich bin kein großer Schläger, das wissen Sie. Ich persönlich habe nie sehr viel davon gehalten. Schlagen Sie zu, wenn es Ihnen Spaß macht, aber lassen Sie die Kette los. Das hab ich nicht gern.«

Hinrichs stieß ihn von sich, daß er zurückstolperte.

»Meine Faust ist mir zu schade«, sagte er. »Es gibt Leute, bei denen einem die eigene Faust leid tut. Du gehörst zu ihnen. Komm!«

Sie gingen über den äußeren Werftplatz zu den Schuppen. Sie gingen an dem Mann vorbei, der immer noch gekrümmt im Schatten des Teerdachs lag, er lag jetzt dicht neben der Schuppenwand, stöhnend, eine Hand auf die linke Schulter gepreßt. Er hob nicht den Kopf, als Hinrichs und Manfred vorüberkamen, er war mit dem Schmerz in seiner Schulter beschäftigt, die der Hüne ihm mit einem Bleirohr zerschlagen hatte.

Die Tür des Schuppens stand offen, und es war still in seinem Innern. Und von Kuddl war nichts zu sehen. »Bleib stehn«, befahl Hinrichs dem Jungen. Er steckte den Kopf in den Schuppen hinein, er horchte, und nach einer Weile vernahm er einen schwachen, ächzenden Laut, und er wechselte einen Blick mit Manfred. Dann rief er leise:

»Kuddl? Bist du hier, Kuddl? Es ist alles in Ordnung.«

»Ich komme«, sagte Kuddl, und seine Stimme klang sehr fern.

Ein Lärm entstand, als ob ein Haufen von Metallteilen zusammenstürzte, und jetzt war der Schritt eines Mannes zu hören. Kuddl kam zur Tür gewankt, lehnte sich gegen den Pfosten, senkte den Kopf und schüttelte sich und würgte.

»Was ist los, Kuddl?«

»Nichts. Ah, gar nichts ist los.«

»Kannst du noch?«

»Es ist gar nichts los. Es geht schon wieder.«

Kuddl blickte von unten auf Manfred und wiederholte:

»Es geht wieder sehr gut. Ich hab sogar noch meinen Diener«, und er ließ das Bleirohr mehrmals gegen den Türpfosten fallen.

»Siehst du«, sagte er zu Hinrichs, »es war gut, daß du zum Boot gingst. Es hat sich gelohnt. Der Kapitän war an Bord.«

Kuddl rieb sich den Kiefer, schüttelte sich abermals und fragte:

»Ist was zu sehen? Sie wollten mir den Kiefer verschönern.«

»Wo sind sie?« fragte Hinrichs.

Kuddl hob den Arm und deutete auf die Wiese, über die feiner Nebel zog, und er sagte:

»Da irgendwo. Da sind sie verschwunden.«

Hinrichs stieß dem Jungen in den Rücken und kommandierte:

»Stell dich hierher. Mit dem Gesicht zur Wand. Und bleib so stehn und dreh dich nicht um. Sonst geht es dir wie dem andern.«

»Laß ihn mir«, sagte Kuddl, »ich paß schon auf ihn auf. Du kannst ihn mir ruhig überlassen. Kümmere dich um den andern. Bring ihn her am besten. Dann haben wir sie zusammen.«

»Gut«, sagte Hinrichs, und er ging zur Ecke des Schuppens und half dem Mann mit der zerschlagenen Schulter auf die Beine. Es war ein sehr junger Mann, nur mit Hemd und Hose bekleidet, und sein Gesicht war verzerrt vor Schmerz und Angst, und er klammerte sich an Hinrichs und sagte:

»Lassen Sie mich gehn. Ich muß zu einem Arzt. Ich kann es nicht mehr aushalten.«

»Ja«, sagte Hinrichs, »du bekommst einen Arzt und alles, was du brauchst. Aber wir werden den Arzt für dich bestellen.«

»Ich hab doch überhaupt nichts getan«, sagte der Junge.

»Eben, überhaupt nichts«, sagte Hinrichs. »Du wolltest hier nur Tauwürmer suchen, um Aale zu fischen. Mit diesem Schlagring wolltest du Würmer suchen.«

Er hob den Schlagring auf, der blinkend auf dem Boden lag, hob ihn auf und hielt ihn dem Jungen unter das Gesicht und schob ihn dann in die Joppentasche.

»Ist gut«, sagte er, »wir wollen gehen.«

Der Hüne rieb sich mit der Außenkante des Daumens den Kiefer. Er machte Kaubewegungen, fuhr mit der Zunge die

Zahnreihe entlang, schluckte und ließ die Zähne hörbar zusammenklappen.

»Es fehlt nichts«, sagte er, »ich glaube, es ist alles in Ordnung.«

»War es im Schuppen?« fragte Hinrichs.

»Nicht einmal. Sie haben mich gleich an der Tür in Empfang genommen. Aber damit hatte ich gerechnet.«

»Wie spät hast du?«

»Ich weiß nicht«, sagte Kuddl, »ich hab keine Uhr.«

»Sollen wir hier warten?«

»Nein, wir bringen sie zum Kontor rüber. Dann hat sie der Chef zum Frühstück. Wir müßten sie später doch rüberbringen.«

»Kannst du fahren?«

»Warum nicht? Mir geht es sehr gut. Wir nehmen die alte Barkasse und bringen sie rüber zum Kontor.«

»Gleich?«

»Gleich, ja.«

»Gut«, sagte Hinrichs. »Wir wollen runtergehen zur Barkasse.«

Kuddl ging voraus, und auf dem Landungssteg legte er sich der Länge nach hin, er schöpfte mit der Hand von dem dunklen, kalten Wasser und benetzte damit seinen Kiefer. Er seufzte und ächzte unter der wohltuenden Kühlung, und die andern standen hinter ihm und sahen ihm zu.

»Komm, Kuddl«, sagte Hinrichs, »mach Schluß damit. Laß uns fahren.«

Sie stiegen alle in die alte Barkasse, sie setzten sich nicht, sie standen im Heck und warteten, bis der Hüne die hölzerne Motorhaube weggenommen und den Motor in Gang gebracht hatte. Auch als sie loswarfen vom Landungssteg, setzte sich keiner von ihnen auf die umlaufende Bank, die mit jungem Tau bedeckt war. Nur der Junge mit der zerschlagenen Schulter setzte sich hin, aber er setzte sich auf die Bodenbretter der Barkasse, hinter dem abgetretenen Holzpodest, auf dem der Rudergänger stand, und er hielt mit einer Hand seine schmerzende Schulter und stöhnte leise vor sich hin.

Die Barkasse schob sich rückwärts heraus, drehte vor dem Landungssteg und lief mit sehr kleiner Fahrt in den ziehenden Nebel über dem Wasser. Der Nebel flutete leicht die Bordwand herauf, sie spürten ihn als wehende Kälte, sie glaubten, ihn in den Lungen zu spüren, und sie schlugen die Kragen hoch und standen breitbeinig, mit weggesteckten Händen da. Hinrichs stand neben Manfred im Heck. Sie waren durch die große, hölzerne Motorhaube von den andern getrennt. Sie blickten in den Nebel. Und dann sagte Hinrichs:

»Du hast bei mir gelernt. Und du hast geglaubt, ich kann dir nichts mehr beibringen. Jetzt siehst du, daß du noch eine Menge zu lernen hast.«

»Wirklich?«

»Hör auf, so mit mir zu reden, das hab ich nicht gern.«

»Dann lassen Sie mich doch zufrieden«, sagte der Junge. »Seien Sie froh, daß Sie mich haben.«

»Siehst du, nicht einmal das kann ich sein. Ich kann nicht einmal froh sein, daß wir dich haben. Ich bin traurig. Ich bin angewidert davon. Aber jetzt wirst du bezahlen für alles. Jetzt wirst du einsehen, daß überhaupt nichts ist an dir und daß dir keiner nachweint und dich vermissen wird. Auch Lena nicht, Lena am allerwenigsten. Ich hatte dir im stillen eine Chance gegeben. Ich habe Lena nicht aufgehalten, als sie dir nachlief zur Fähre. Ich dachte: Laß sie gehen, vielleicht macht sie aus ihm einen Mann, der weiß, was er tun muß, wenn er für ein

Kind zu sorgen hat. – Ja, diese Chance hatte ich dir im stillen gegeben. Aber du taugst nichts.«

Jetzt wandte der Junge den Kopf und lächelte schmaläugig und sagte:

»Ach? Wirklich? Aber wenn Sie schon meinen, daß ich so bin, dann fragen Sie sich mal, was Sie sind! Oder ist bei Ihnen alles wie Sonnenschein? Sie predigen einem andern, und dabei hätten Sie sich selbst eine Menge zu predigen!«

»Was meinst du damit?«

»Das wissen Sie besser als ich.«

»Mach den Mund auf!«

»Wieso? Warum soll ich reden? Sie haben mich geschnappt, und damit hat sich alles erübrigt. Wenn ich anfange zu reden, werden Sie sich vielleicht fragen, ob es gut ist, mich zum Kontor zu bringen. Sie wissen genau, was ich meine.«

»Pack aus«, sagte Hinrichs.

»Hören Sie zu«, sagte der Junge, und er blickte Hinrichs voll ins Gesicht. »Es ist eine einfache Rechnung. Als ich bei Ihnen anfing, da interessierte ich mich für Sie. Jeder Anfänger interessiert sich für seinen Meister. Und ich wußte genau, was Sie am liebsten essen, welch ein Bier Sie trinken und welche Tabaksorte Sie rauchen. Und ich wußte auch, wie alt Sie waren. Einen Anfänger interessiert alles an seinem Chef. Und als ich jetzt im Kontor war, sah ich Ihr Taucherbuch. Ich blätterte ein bißchen darin, aus altem Interesse, und weil wir zusammen nach Schweden rauf sollen, um den Dampfer zu heben. Und dabei sah ich, daß mein Chef jünger geworden ist. Komisch, nicht? Unsereins wird älter, und der Chef wird jünger. Ich wollte Ihnen schon gratulieren dazu. Ich sag es Ihnen ganz offen.«

»Und weiter«, sagte Hinrichs.

»Weiter nichts«, sagte der Junge. »Das ist alles.«

»Was hast du vor?«

»Ich? Wieso kann ich was vorhaben? Darüber haben jetzt Sie zu bestimmen.«

»Was erwartest du denn?« sagte Hinrichs.

»Oh«, sagte der Junge, »ich erwarte gar nichts. Sie sind der Chef.«

Hinrichs trat zurück, er stemmte sich gegen die Kante der umlaufenden Bank, er sah in den ziehenden Nebel und schwieg.

»Alles war Zufall«, sagte Manfred, »reiner Zufall.«

Hinrichs antwortete nicht.

Plötzlich setzte das Klopfen des Motors aus, setzte wieder ein, aber schwächer jetzt, mühsamer und heiser, und nach einer Weile blieb es ganz weg. Die Barkasse glitt langsam aus, Kuddl sprang zum Motor und beugte sich über ihn, und Hinrichs kam heran und fragte:

»Was fehlt ihm denn?«

»Alles«, sagte Kuddl, »das Ding ist zu alt. Aber wir schaffen's noch, wir sind gleich auf dem Strom.«

Es gelang ihm, den Motor wieder anzulassen, und er steuerte die Barkasse über den Seitenarm hinaus auf den Strom. Aus dem leichten Nebel erhoben sich Schuppen über den Kais, Kräne und Masten, und von einer verwüsteten Werft ragte eine ungeheure Stahlkonstruktion hervor, wild verrenkt und verdreht, in panischer Verschlingung, ein Nachlaß der heißen Sekunde, in der die große Bombe explodiert war. Sie tuckerten daran vorbei und an verrosteten kleinen Schiffsleibern, die aufgebockt über dem Werftkai standen. Hinrichs blieb vorn. Und während er hinübersah zu dem schweigenden und nicht sehr dunklen Land, dachte er an die Zeit an der Ostküste und an Lena und an Timm in dem Augenblick, als er ihn wimmernd im Winkel der Treppe fand. Und er hatte beide Hände auf die Bordkante der alten Barkasse gelegt und spürte nicht den Tau.

Sie kamen zu der Stelle, wo sie den Strom kreuzen mußten, und als sie mit neuem Kurs drehten, hörten sie in kurzem Abstand das dröhnende Nebelhorn eines Dampfers. Hinrichs hob den Kopf und sagte:

»Er kommt an Steuerbord.«

»Ja«, sagte Kuddl, »schon gehört.«

»Ich glaube, es kommt Wind auf am Morgen. Dann hält sich der Nebel nicht.«

»Ich glaube auch. Wie fühlen sich unsere Passagiere?«

»Gut. Ich denke gut.«

»Beschwerden sind auf dem Dienstweg einzureichen«, sagte der Hüne und lachte.

Wieder erklang das Nebelhorn des Dampfers, näher diesmal und so, als käme die Warnung unmittelbar von oben. Sie blickten jetzt alle in die Richtung, aus der der Ruf des Nebelhorns gekommen war, aber es war nichts zu entdecken.

»Wir sind schon vorbei«, sagte Kuddl. »Wir haben seinen Kurs schon hinter uns. Er wird achtern passieren.« In diesem Augenblick setzte abermals das Klopfen des Motors aus, lief plötzlich wieder hochtourig an, und dann arbeitete der Motor stoßweise und kraftlos weiter, so daß die Barkasse noch mehr an Fahrt verlor. Und als sie jetzt alle, auch der Junge mit der zerschlagenen Schulter, den Kopf zur Steuerbordseite wandten, sahen sie halb voraus den Bug des Dampfers aus dem Nebel auftauchen. Er schob sich grau und riesengroß auf sie zu, eine Welt von einem Bug, gleichmütig und gleitend, und der Junge mit der zerschlagenen Schulter erhob sich von den Bodenbrettern und trat neben Hinrichs und blickte fassungslos auf den Bug.

»Stopp doch«, rief Hinrichs, »geh zurück.«

»Wir sind halb vorbei«, sagte Kuddl.

»Er kommt auf uns zu!«

»Wir kommen noch vorbei«, sagte Kuddl. »Wir müssen, hier erwischt er uns.«

Und auf einmal waren sie unter dem riesengroßen Bug, der hinaufzureichen schien bis in den Himmel, sie hielten sich fest, sie duckten sich unter der gewaltigen Drohung, sie starrten auf die graue Schiffswand, die knapp hinter ihnen vorbeizog und kein Ende finden wollte. Die Bugwelle des Dampfers trug die Barkasse empor, schleuderte sie hinab und hob sie wieder an, und es klatschte, und Spritzer fegten über sie hin. Und jetzt, als der drohende, graue Bug des Dampfers schon wieder verschwunden war, in der Sekunde, da die ungeheure Begegnung noch auf sie wirkte, obwohl sie längst vorbei war, nun erfolgte der Stoß an Backbordseite. Sie nahmen nichts mehr wahr als eine knirschende Erschütterung, einen malmenden Druck; die ganze Barkasse wurde mit entsetzlicher und sonderbar ruhiger Kraft angehoben, und die Männer verloren die Standfestigkeit und wurden auf eine Seite geschleudert. Und bevor die Barkasse krängte und umschlug, sahen die Männer im Zurückblicken den breiten, schwarzen, nicht sehr hohen Bug eines Küstenmotorschiffes, das sie an Backbordseite gerammt hatte.

Hinrichs stieß sich zur Seite weg und hielt dieselbe Tiefe und dachte: Du mußt ausscheren, du mußt so weit wie möglich zur Seite schwimmen, sonst erwischt dich die Schraube, sie kann nicht sehr tief reichen, aber du mußt zur Seite weg.

Das Wasser war gerade aufgelaufen, es herrschte kaum Strömung, und der Mann schwamm in langen Stößen unter Wasser zur Seite weg, und während er schwamm, hörte er das schlagende Geräusch der Schraube in der Nähe. Du mußt hoch, dachte er, du hast keine Luft mehr, jetzt ist es egal, du mußt nach oben. Und er schloß die Beine zusammen und riß die Arme in verzweifeltem Zug durch das Wasser und tauchte auf.

Er schwamm allein im Nebel, von den andern war nichts zu sehen. Er rief. Er rief mehrmals. Er fühlte, wie die Joppe schwerer und schwerer wurde, aber er zog sie nicht aus. Er wußte, daß sie ihn vor der Kälte schützte, während er schwamm, und er hielt die Richtung, in der er die Kaimauer vermutete. Er wurde langsamer. Er dachte: Gott sei Dank, daß jetzt keine Strömung geht. Du würdest nicht einen Meter schwimmen können in Richtung auf dein Ziel. Die Strömung würde dich fortreißen, den Strom hinab ohne Ende. Vor dir muß die Kaimauer sein. Irgendwo vor dir muß sie auftauchen aus dem Nebel. Du mußt es schaffen bis zur Mauer.

Jemand rief seinen Namen, jemand, der nicht allzu weit entfernt von ihm auf dem Wasser war, und Hinrichs hielt vollkommen inne im Schwimmen, reckte den Kopf empor und gab Antwort. Sein Name wurde noch mehrmals gerufen, und er gab jedesmal Antwort, und ein Boot kam auf ihn zu, eines jener geteerten Boote, die die Küstenschiffe auf ihren Fahrten hinter sich herschleppen. Vorn im Boot kniete Kuddl, und hinter ihm stand ein fremder Mann und wriggte, er manövrierte das Boot so an Hinrichs heran, daß der Hüne ihn fassen und herausziehen konnte.

»Komm rauf«, sagte er, »wir brauchen einen Ofen.«

Das Küstenmotorschiff lag gestoppt neben der Unfallstelle, sie hatten ein Fallreep ausgebracht, und neben dem Fallreep an Bord stand fast die ganze Besatzung, auch ein kleiner gefleckter Hund war zwischen ihnen, und alle blickten auf das geteerte Rettungsboot hinab, das längsseits ging. Zuerst stieg Hinrichs das Fallreep hinauf, nach ihm der Hüne und zum Schluß der Mann, der sie rausgefischt hatte. Es wurden ihnen Decken umgelegt, und ein Junge brachte heißen Kaffee in Aluminiumbechern.

»Trinkt erst einmal«, sagte der Kapitän.

»Wo sind die andern«, fragte Hinrichs.

»Der Große ist eben runtergegangen«, sagte der Kapitän.

»Ihn meine ich nicht. Mit ihm war ich im Boot.«

»Der Junge ist schon unten. Den Jungen haben wir als ersten rausgeholt«, sagte der Kapitän, ein stämmiger, tabakkauender Mann mit schwarzen Zähnen.

»Welchen Jungen?« fragte Hinrichs.

»Welchen Jungen?« sagte der Kapitän. »Den mit der kaputten Schulter. Ihr wart doch nur drei.«

Hinrichs blickte aufs Wasser, auf die kieloben liegende Barkasse, die treibend und langsam sinkend um das Heck des Küstenmotorschiffes herumzog; sie hatte noch Luft in ihrem Innern, und die Luft trug sie. Und plötzlich sah er Manfred vor sich, jung und still und mit offenem Lächeln, so wie er ihn an den ersten Tagen an der Ostküste begrüßt hatte, dann sah er ihn noch einmal auf dem Absatz des Denkmals stehen, in schmaläugiger, hochmütiger Erwartung, und er dachte an ihr letztes Gespräch im Heck der alten Barkasse.

»Ihr seid doch nur drei an Bord gewesen?« fragte der Kapitän wiederum.

»Nein«, sagte Hinrichs, und in seiner Stimme lag eilige Sorge und Entschiedenheit. »Wir waren vier, ihr müßt noch mal runter ins Boot. Ihr müßt ihn suchen. Und gebt ein Notsignal. Ihr müßt ihn suchen. Vielleicht ist der Junge noch eingeschlossen, und dann müssen wir ihn rausschneiden. Beeilt euch, sonst sinkt die Barkasse. Um Gottes willen, beeilt euch. Und wenn ihr den Schneidbrenner habt, holt mich, ich werde das machen; man muß gleich hinter dem Feuerstrahl abdichten, sonst kommt die Luft raus, und alles ist nutzlos. Und sucht noch einmal mit dem Boot.«

»Die Barkasse sinkt«, sagte der Kapitän. »Bis wir den Schneidbrenner hier haben, ist sie verschwunden.«

»Ihr müßt es versuchen!«

»Es hat keinen Zweck. Sieh dir die Barkasse an, dann weißt du, daß es keinen Zweck hat. In fünf Minuten liegt sie auf Grund.«

Hinrichs blickte unablässig auf den treibenden, algenbedeckten Boden der Barkasse, und dann stellte er den Aluminiumbecher auf das Deck. Er ließ die Wolldecke herabgleiten, er zerrte die nasse Joppe von seinem Oberkörper und zog die quatschenden Stiefel aus. Er trat an das Fallreep und sagte:

»Holt einen Tampen und bindet mich fest, einen dünnen Tampen, der was aushält. Und wenn ich lang ziehe, holt mich rauf. Ich will mal nachsehen. Vielleicht schaffe ich es.«

Und er stieg hinab in das kalte, unbewegte, ölüberzogene Wasser.

Der Junge schwamm und schwamm. Er hatte nicht abspringen können von der kenternden Barkasse, es hatte ihn hinabgerissen, jäh und gewaltsam, aber er hatte sich noch im Sturz die Richtung der Kaimauer gemerkt, in instinktiver Voraussicht hatte er das fertiggebracht, und als er emportauchte, schwamm er gleich auf den Kai der verwüsteten Werft zu. Er hörte unbestimmte Rufe durch den Nebel, er wußte, daß sie jetzt unterwegs waren, um die Verunglückten aufzufischen, aber er meldete sich nicht, er gab keine Antwort. Manfred schwamm bis zur Mauer und ein Stück an ihr entlang, und schließlich kam er zu einer Stelle, wo eine Bombe die Kaimauer bis zur Wasseroberfläche aufgerissen hatte: er fand Halt hier, konnte einen Fuß aufsetzen, er konnte eine Eisendrahtschlinge mit den Händen erfassen, und er schleppte sich hinauf.

Es war eine große Werft, eine berühmte Werft, auf der er stand, es war die Werft, die einst die stolzesten und teuersten Schiffe für die Nation gebaut hatte, rechte Juwelen der Macht, Monitoren, Linienschiffe, Panzerschiffe, Schlachtschiffe, bejubelte Kolosse, herzerhebende Scheusale der Stärke, gefeierte Berserker der Meere; verschwunden war ihre Gestalt, verschwunden ihre Namen, ins Vergessen geweht von den gleichmütigen Winden der Geschichte, unwiderruflich: jetzt war die Werft tot, eine Geisterlandschaft, mit Bombentrichtern bedeckt, mit verrosteten Schienen, mit fensterlosen Werfthallen und den vergessenen Teilen geplanter und nie gebauter Schiffe. Nur in einem Winkel der Werft wurde wieder gearbeitet, dort stand eine heile Helling, ein bescheidener und rührender Anfang angesichts der Größe der Wüste.

Der Junge ging über das Werftgelände bis zu den verlassenen, fensterlosen Werfthallen. Er sah in die Werfthallen hinein, in denen Gerümpel lag, ölgetränktes Sackleinen und eine Menge Glassplitter von den zerbrochenen Fenstern, und er blickte auf rauchgeschwärzte Wände und zerbeultes Blech. Und dann kam er zu einem halben, ziegelroten Haus inmitten der toten Werfthallen, es schien das ehemalige Haus eines Werkmeisters zu sein, es hatte noch ein gutes Dach an einer Seite und im ersten Stock einen heilen Raum. Er stieg auf allen vieren, zitternd und klamm, die hängende Treppe hinauf, eine dünne Wasserspur hinter sich herziehend; dann stand er in dem Raum, und es war nichts darin als eine spinnwebbedeckte Tragbahre und ein aufgerolltes Stück Draht.

Manfred klippte die Tragbahre von der Wand ab. Er säuberte sie und zog einen Draht vom unteren Fensterrand zur Bahre. Er wrang sein Jackett aus, das Hemd und die Hosen und hängte alles über den schrägen Draht. Zum Schluß setzte er sich auf die Bahre und rieb seine Haut. Und er blieb so sitzen, bis es ganz hell wurde und ein aufkommender Wind den Nebel über dem Strom auseinander trieb. Hinter dem Hafen ging die Sonne auf, groß und unverhofft, und die Schornsteinfarben der Schiffe leuchteten unter ihr und die weißen Körper der Möwen und das schimmernde Öl auf dem Wasser. Die Sonne traf ihn auf der Bahre sitzend, sie drang in ihn ein, die Klammheit in seinen Gliedern löste sich, und er legte sich hin und verschränkte die Hände unter seinem Kopf. Er lag unbeweglich da unter der immer wärmer werdenden Sonne, er spürte nicht mehr den winzigen Druck des Talismans auf seiner Brust, er schloß die Augen und schlief ein. Er träumte von Lena: sie standen zusammen auf einem schneebedeckten, sehr hohen Berg, und weit unter sich sahen sie die Wolken und noch weiter darunter eine Ebene, gelblichbraun und zerschnitten von vielen Flüssen. Und während sie standen und hinabsahen, lösten sich viele schwarze Punkte von den Flüssen, sie stießen sich ab von der Ebene, sie stiegen empor zu dem einsamen und schneebedeckten Gipfel, und als sie durch die Wolken flogen, erkannte er, daß es Vögel waren, die mit sehr schlappem und trägem Schlag näherkamen. Der Schatten der großen schlappen Vögel vereinigte sich über ihnen, und er fror und versuchte, die Vögel zu vertreiben, aber da stieß einer nach ihm, und dann ein anderer, und zuletzt alle Vögel, sie stießen auf den Talisman zu, den er trug, sie nahmen ihn in ihre gefransten Schnäbel und zerrten daran, so daß die dünne Kette in seinen Hals schnitt. Er wollte Lena zurufen, ihm beizustehen, er wandte sich schnell und gepeinigt nach ihr um, aber er schwieg, als er sah, daß das breitwangige Gesicht Lenas nicht unter dem Schatten der Vögel lag. Und die Kette schnitt weiter in seinen Hals, während die Vögel an seinem Talisman zerrten, und als sie ihn zum erstenmal daran emporhoben von dem schneebedeckten Gipfel, wachte er auf.

Er lag im Schatten. Die Sonne war weiter gewandert und traf die Wand über ihm. Die Wand war von Bombensplittern versehrt, die den Putz aufgerissen hatten bis zum roten Gestein, und er hob seine Hand und ließ die Finger über die Einschlagstellen gleiten.

Plötzlich sprang er auf und ging geduckt zum Fenster: er hatte Stimmen gehört, die sich näherten, und er schob langsam das Gesicht über den Fensterrand und spähte hinaus.

Zwei Männer kamen auf das Haus zu, junge Arbeiter in blauen Overalls und mit Schiffermützen, sie unterhielten sich laut und gingen mit großer Eile vorbei. Manfred richtete sich auf und sah ihnen nach, wie sie davongingen über das weite Gelände der Werft und wie sie den Trichtern auswichen und dabei immer auf die Helling zusteuerten. Und er sah von seinem Fenster, daß auf der Helling ein kleines, merkwürdig gebautes Schiff lag und daß sich viele Leute am Schiff aufhielten: ein Stapellauf stand bevor.

Eine Taufkanzel, mit Girlanden geschmückt, war vor dem Schiff aufgebaut, zufriedene Erwartung beherrschte die Arbeiter, eine besondere Erwartung auch Gäste und Ehrengäste, die dem Taufakt beiwohnen sollten. Die Gäste saßen auf splitterfreien Holzbänken: Senatoren saßen da, Fachleute für Bankwesen, erste Direktoren und zweite Direktoren, Gewerkschaftler und andere Respektabilitäten, auch Reeder waren da, hagere Zivilisten mit ihren Frauen – sie waren alle da, gewissenhafte Liebe zum Hafen zu bekunden, die traditionelle Verbundenheit, das innige Verhältnis zum Herzen der Stadt. Und sie warteten in geduldiger Plauderstellung vor dem Schiff: es war ein Hobbersauger, ein sehr moderner Schlickräumer, dazu bestimmt, die fernen, geheimnisvollen Dschungelflüsse Asiens schiffbar zu machen, ihnen die Sandbänke zu nehmen, das Abenteuer, den magischen Hinterhalt. Das Schiff war schön trotz seiner augenfälligen Zweckbestimmtheit. Die Frau eines hinterindischen Konsuls taufte den Sauger. Als sie erschien, erhoben sich die Gäste von den Holzbänken, sie klatschten, sie lächelten, sie drängten zum Kanzelplatz vor, und die braunhäutige Konsulin, schwirrend, kolibrihaft, hielt eine kleine Rede und ließ sich die Sektflasche reichen. Die Flasche, vogelleicht geworfen, zersprang am Bug des Saugschiffes, der Sekt schäumte über das Eisen, gab ihm bedeutungsvollen Vorgeschmack auf sein künftiges Element, und dann begannen sich die Schlitten in der geschmierten Bahn zu bewegen: der Hobbersauger glitt mit zunehmender Geschwindigkeit ins Wasser. Es rauschte auf, eine Druckwelle lief dem Heck des Saugers voraus, und während Gäste und Ehrengäste mit öffentlicher Ergriffenheit, gefaßt und sinnend, das Schauspiel beobachteten, standen die Arbeiter unversehens barhäuptig da, auf ein Kommando gaben sie dem schwimmenden Sauger ein dreifaches Hurra mit auf seinen weitläufigen Weg.

Manfred stand am Fenster und beobachtete den ganzen Stapellauf. Als der Sauger von Schleppern empfangen und an den Ausrüstungskai gedrückt wurde, wandte er sich ab und faßte nacheinander sein Hemd an und die Hose und das Jackett. Das Hemd war trocken, auch die Hose war beinahe trocken, und er zog beides an. Er untersuchte die Taschen des Jacketts. Er fand keine Zigarette. Er lehnte sich gegen die Wand. Er hatte ein brennendes Gefühl in der Brust, er fühlte, wie es heiß und würgend hochkam, und er preßte eine Hand gegen seine Brust und die andere auf seinen Mund. Unwillkürlich rutschte er an der Wand hinab in die Hocke, und da erfolgte ein Stoß von innen, ein schmerzhaftes Schütteln, und er fühlte es warm und feucht werden an der Hand, die auf seinem Mund lag. Und als er die Hand von sich abhielt, sah er, daß es Blut war, – er hatte nie den Anblick von Blut ertragen können, und am wenigsten den Anblick seines eigenen Blutes. Er starrte erschreckt auf seine Hand, er hielt die Hand so, daß er das Blut nicht mehr sehen konnte, und in seinem Gesicht lag eine große Ratlosigkeit und eine forschende Angst. Und dann stemmte er sich an der Wand empor, atmete tief und horchte dabei auf seinen Atem, und er dachte: Ich muß hier weg. Ich kann nicht allein

hier liegenbleiben. Ich muß mich saubermachen und irgendwohin. Und er säuberte sein Gesicht und die Hand vom Blut,
kämmte sich und nahm das feuchte Jackett unter den Arm und
kletterte die hängende Treppe hinab.

Er ging auf die Helling zu, wo jetzt eine Reihe von Barkassen
lag, die die Zuschauer des Stapellaufs über den Strom bringen
sollten. Er sprang in eine der Barkassen hinein, niemand fragte
ihn, niemand sprach ihn an; er wartete, bis die Barkasse vollbesetzt war, und stand die ganze Zeit mit dem Rücken zur
Anlegeseite. Dann warfen sie los. Er stand vorn neben dem
Barkassenführer. Er hörte, wie eine Gruppe mit dem Barkassenführer verhandelte und ihn bat, diesseits des Stromes an-
zulegen, hinter einem Kanal, bevor er hinüberfuhr zur Stadt.
Der Barkassenführer nickte, und er kreuzte nicht den Strom,
sondern fuhr unter den Kais entlang zu einem Anlegesteg
weit unterhalb der Werft, und als sie festmachten und einige
Männer ausstiegen, stieg Manfred mit aus. Er ließ die Männer
an sich vorbeigehen, sie zogen den Weg zu einer Siedlung
hinauf, unaufhörlich redend, ohne Aufmerksamkeit für ihn.
Und nachdem sie hinter den ersten Häusern der Siedlung
verschwunden waren, betrat er den weichen, federnden Uferpfad, der dicht neben dem Wasser hinlief, und er folgte ihm
stromabwärts.

Das Ufer war hier nicht befestigt. Der Strom hatte sich
kleine Buchten gerissen, sie waren schlammerfüllt und mit
dünnem Schilf gesäumt, und an ihren Rändern lagen Holz-
stücke, Blechschachteln und Flaschen. Obwohl die Buchten
seicht waren, konnte man den Grund nicht sehen, denn das
Wasser war sehr trübe, und ein Geruch von Verwesung und
Verfall lag über ihm.

Der Junge folgte dem Pfad. Er ging nicht frei und wie ein

Mann auf namenlosem Land; sein Gang hatte etwas Schreckhaftes, Auffahrendes und Gespanntes, und er wandte sich immer wieder um, während der Pfad ihn am Strom entlangführte, bis zu einer Landzunge, auf der mehrere Pappeln wuchsen.

Als er die Pappeln erreicht hatte, blieb er stehen. Von hier aus konnte er das niedrige Haus auf dem Sandhügel sehen; es war still, niemand erschien am Fenster, und er legte beide Hände an einen Pappelstamm und beobachtete das Haus. Und er dachte: Ich muß ihr das sagen. Ich muß das alles Lena erzählen. Sie ist der einzige Mensch, der mir einen Rat geben kann. Ich muß nach oben. Dann trat er zwischen den Pappeln hervor und ging quer über den Sandhügel auf das Haus zu, offen jetzt, mit ruhigem Schritt und ohne zu zögern. Er trug sein Jackett über dem Arm. Er betrat den Hof. Er ging immer noch ruhigen Schritts bis zur Tür. Als er die Tür öffnete, zuckte er zusammen: vor ihm auf dem Flur stand Lena.

»Lena.«

»Ja?« sagte sie.

»Ist dein Vater da?«

»Nein, Manfred, es ist niemand da außer mir. Ich bin ganz allein hier.«

»Ich muß dich sprechen, Lena, es ist wichtig.«

Das Mädchen schüttelte den Kopf und war sehr ernst dabei. Es war ihr elend zumute, als sie ihn vor sich auf der Zementstufe stehen sah.

»Lena«, sagte er, »warum bist du fortgegangen, Lena?«

»Das weißt du.«

»Komm mit, Lena. Wir wollen es noch einmal versuchen. Wir werden noch einmal anfangen, und es wird alles anders sein. Ich schwöre es, Lena. Ich werde mir Arbeit besorgen, und wir werden uns ein Zimmer nehmen. Komm doch mit.«

»Warum? Damit das alles noch einmal anfängt?«

»Es wird anders sein.«

»Nein, Manfred. Es hat keinen Zweck. Wir sollten uns nicht wiedersehen. Wir sollten unsere eigenen Wege gehn und nicht mehr zusammenkommen. Wir passen nicht zueinander. Das habe ich gelernt, als ich bei euch war.«

»Du mußt mir helfen, Lena.«

»Ich wollte dir auch damals helfen, Manfred.«

»Nein, jetzt ist es anders. Ich glaube, mir fehlt etwas, Lena.« Auf seinem Gesicht erschien wieder der Ausdruck von Angst und Ratlosigkeit, und er sagte schnell und schluckend:

»Ich glaube, ich bin krank, Lena ... Du mußt mir helfen. Vorhin kam Blut aus meinem Mund, auf einmal war es da ... Ich hatte keine langen Schmerzen, aber etwas muß los sein mit mir.«

Das Mädchen blickte ihn an und sagte:

»Ich weiß auch nicht, wie das kommt. Ich kann dir dabei nicht helfen, Manfred.«

»Muß ich zu einem Arzt gehen?« sagte er.

»Ich würde es tun«, sagte sie, »es wäre das beste.«

»Komm mit, Lena, du brauchst nicht für immer mitzukommen. Aber begleite mich zum Arzt. Dies eine Mal nur noch. Ich bin ruhiger, wenn du mitkommst.«

»Nein, Manfred.«

»Warum denn nicht? Warum willst du denn nicht?«

Seine Stimme klang bittend, und es war Verzweiflung in ihr und Furcht.

»Ich bitte dich, Lena«, sagte er, »ich bitte dich. Komm doch mit.«

»Ich muß hierbleiben«, sagte sie. »Ich muß Essen machen für Vater und für Timm. Sie werden bald hier sein, und ich kann jetzt nicht weg.«

»Und morgen, Lena? Wir könnten auch morgen gehen.«

»Nein, auch nicht morgen. Ich kann nicht mit dir gehen, Manfred. Laß uns doch in Frieden.«

»Lena«, sagte er, »bitte.« Und dann: »Oh Gott, Lena. Bitte komm mit! Ja, Lena?«

»Nein, Manfred«, sagte sie. »Ich komme nicht mit. Und ich werde dich nie mehr treffen. Es ist besser für uns.«

Er sah sie fassungslos an. Sie trug den roten Rollkragenpullover, ihr Haar war glattgekämmt, und unter dem Haar wirkte das blasse Gesicht Lenas sehr ernst. Er hatte sie nie zuvor so erlebt wie jetzt, nie diese Entschiedenheit an ihr gesehen, diese Abweisung, und er wagte nicht, auf sie zuzutreten und sie zu berühren. Er machte nicht einmal mehr den Versuch, ihr die Hand zu geben. Er sah sie nur an, hilflos und abwartend, und sie hielt seinem Blick stand und rührte sich nicht.

»Dann ist alles vorbei«, fragte er, »alles, was gewesen ist?«

»Ja«, sagte Lena. »Alles. Aber es war schon früher vorbei, Manfred, nur wir haben es nicht gewußt. Wir müssen versuchen, alles zu vergessen.«

»Kannst du das?« sagte er.

»Wir müssen es versuchen«, sagte sie. »Und ich habe es schwerer als du.«

»Lena.«

»Geh jetzt«, sagte sie. »Geh fort, Manfred. Ich möchte, daß es dir gut geht. Aber bleib nicht hier. Geh!«

»Gut«, sagte er, »ich verschwinde jetzt. Ich tue alles, was du wünschst. Ich werde mich auch nie wieder blicken lassen, aber –«

»Aber was?«

»Komm mit, Lena. Nur dies eine Mal.«

»Nein«, sagte sie.

Er trat jetzt die letzte Zementstufe hinauf, trat nah vor sie hin und blickte sie an. Der Ausdruck der Furcht verschwand aus seinem Gesicht, sein Gesicht war unbewegt. Lena wich einen Schritt vor ihm zurück, aber sie ließ die Tür nicht aus der Hand. Er schob seinen Fuß über die Türschwelle, und in diesem Augenblick begann er zu lächeln. Es war ein hochmütiges Lächeln, Lena kannte es. Sie sagte:

»Rühr mich nicht an.«

Er schwieg, er lächelte und schwieg und winkte leicht mit der Hand ab.

»Du kommst nicht in das Haus«, sagte Lena.

»Kein Bedarf«, sagte er.

»Was willst du?« rief Lena und sah sich um.

»Einen Blick«, sagte er, »einen letzten Blick, so als Andenken, weißt du. Nicht mehr. Einen letzten Blick zum Andenken an euch alle. An dich, Timm und an den jungen Chef vom Ganzen. Der Chef würde mir solch einen Blick nicht erlauben, darum hole ich ihn mir von dir. Der Chef hat etwas gegen mich.«

»Geh fort«, rief sie, »geh doch!«

»Gleich. Das wird gleich bestens besorgt. Ich kann mich nur so schwer trennen, weißt du. Es fällt mir nicht leicht, einfach wegzugehen.«

»Oh, du bist ein –«

»Was? Was bin ich denn? Nur zu, sag's doch. Vielleicht sagst du mir dasselbe, was mir dein Vater schon sagte. Aber spielt euch nicht auf. Bevor man andern predigen will, muß man sich selbst predigen. Ihr sollt erst einmal an euch selber hinabsehen, bevor ihr an andern hinabseht.«

»Du bist ein Dieb«, sagte Lena. »Ihr habt nachts eingebrochen.«

»Ach, was du nicht weißt. Wir haben nachts eingebrochen. Gut, vielleicht haben wir es getan. Der Mensch muß leben. Aber weißt du auch, was dein Vater gemacht hat, der feine Chef? Ja, weißt du das? Wir haben uns nur etwas besorgt, aber er hat gefälscht. Er hat eine Urkunde gefälscht. Frag ihn doch mal nach seinem Alter, und wenn er's dir gesagt hat, dann schau mal in sein Taucherbuch, vielleicht auch in seine anderen Papiere. Da wartet noch eine Überraschung auf dich, Lena, eine hübsche Überraschung. Aber weißt du überhaupt, was das heißt: Urkundenfälschung? Und weißt du auch, was das einbringt?«

Er stand mit herablassendem Triumph vor ihr und machte eine Handbewegung nach oben, ins Unabsehbare, und dabei lächelte er. Und Lena blickte ihn an, ungläubig und zitternd; sie ließ die Tür los, sie wich zurück vor ihm bis zur Treppe auf dem Flur, und ihr Gesicht war starr. Und sie sagte sehr fest:

»Du lügst. Das ist nicht wahr. Das ist alles gelogen.«

»Dann frag ihn selbst«, sagte der Junge. »Frag ihn nur und überzeug dich. Du wirst eine schöne Überraschung erleben.«

»Geh jetzt!« rief Lena. Sie bedeckte das Gesicht mit den Händen, sie lehnte sich gegen das braune Treppengeländer und weinte. Sie reagierte nicht mehr, als er sagte:

»Vielleicht hört man noch voneinander. Kann sein, daß sich einiges ergibt.«

Lena hörte auch nicht, wie er auf den Hof sprang und davonging, sie trat nicht ans Fenster, blickte ihm nicht nach, sie blieb stehen am Treppengeländer und weinte, kraftlos, leer und überwältigt.

Nur Timm sah ihm nach, wie er den Sandhügel hinab-

schritt zum Strom: Timm lag hinter einem Haufen von auf-
geschossenen Ankerketten neben dem Schuppen. Er hatte ihn
gleich erkannt und hatte sich hingeworfen, als Manfred noch
im Türeingang stand, und jetzt beobachtete er ihn atemlos und
so lange, bis er den Uferpfad erreicht hatte, an der Landzunge
vorüberging und stromaufwärts, hinter dünnem Schilf und
hinter Büschen, verschwand.

Dann erst stand Timm auf, und er ging zunächst zögernd auf
das Haus zu, und zum Schluß lief er sehr schnell und sprang
in wilder Besorgnis die Zementstufen hinauf. Und während
es plötzlich still wurde im Haus und eine schmale, friedliche
Rauchsäule über ihm stand, klang von jenseits des Stroms,
von der großen Stadt her, ein tiefes Gebrumm herüber, ein
Motorengeräusch, orgelnd und dumpf. Es wurde lauter und
deutlicher, und dann erschien drüben, hinter dem dunklen
Turm einer Hafenkirche, ein kleines Luftschiff. Drall und mit
leicht gesenkter Spitze hielt es auf den Strom zu, löste sich aus
dem Dunst der Stadt: ein Werbeluftschiff, das die Bürger der
Stadt schon in manchen Diensten gesehen hatten: im Dienst
von einheimischem Schnaps und einheimischen Gummireifen,
von belebender Brause und Seidenstrümpfen, von Wasch-
mitteln und Schokolade. Jetzt aber warb es für anderes Gut. Es
stand im Dienst der Freundschaftskampagne, verkündete die
wohlüberlegte Mahnung von oben, und als es über dem Strom
in gemächlicher Kurve drehte, hätte man am Haus auf dem
Sandhügel das Stoffplakat lesen können, das auf dem Rumpf
befestigt war: DENK AN DEINEN NACHBARN – SEIN
LEBEN IST LEICHTER MIT UNSERM BLATT!

Hinrichs sah mit seinen Händen: er tastete sich an dem großen Wrack entlang, er bewegte sich in der schwarzen Tiefe des toten Hafenbeckens, dicht neben der Bordwand eines 6000-t-Schiffes, das von einer einzigen Bombe neben der Pier versenkt worden war. Das Schiff war vollbeladen, es hatte schon mehrere Jahre neben der Pier gelegen und war mächtig eingesackt in den Schlick, hatte sich stetig und unaufhaltsam in den weichen Grund eingelassen. Sein Kiel hatte den Schlickboden an beiden Seiten hochgedrückt, und das Schiff lag so da, als habe der Grund des Hafens seinen Anspruch auf das Wrack erklärt und werde es nie mehr herausgeben.

Hinrichs sah das alles mit seinen Händen, und er drang weiter vor, bis er an das erschreckend große, scharfrandige, ausgezackte Loch kam, das die Bombe in die Schiffswand gerissen hatte. Er tastete das ganze Loch aus, durch das das Wasser in trägem Zug hin und her spülte, und er dachte an die beiden Taucher, die vor ihm unten gewesen waren, um das Wrack zu untersuchen.

Die beiden Taucher hatten sich eine Menge Zeit genommen für ihre Untersuchung, sie hatten gerechnet und kalkuliert unter Wasser, und dann waren sie hochgekommen und hatten eine Sprengung empfohlen. Sie wollten das 6000-t-Schiff in Stücke auseinandersprengen, sie sahen auch jetzt noch die einzige Möglichkeit einer Bergung darin, und Hinrichs sollte den Ausschlag geben mit seiner Erkundung. Er wußte, daß eine Sprengung eine sichere und gewalttätige Lösung war, aber es dauerte lange, ehe die Einzelstücke gehoben waren, es war sehr mühselig und kostete viel Geld, und darum hatte er sich immer nur widerstrebend für eine Sprengung entschieden und hatte bis zum letzten Augenblick nach anderen Möglichkeiten gesucht.

Nachdem er das Loch in der Bordwand abgetastet hatte, tauchte er in das Innere des Schiffes hinein: die Laderäume waren voll von Lastautos, von Fahrrädern und Gulaschkanonen, alles war muschelbedeckt und verrottet, alles in Zerfall und Auflösung, aber selbst im Abblättern, im unendlich langsamen, aber unweigerlichen Vergehen, hatte alles noch Ausrichtung und präzisen Abstand voneinander, Ordnung und Genauigkeit.

Die Reifen der Lastautos hatten sich aufgelöst, das Gestänge war dick mit Rost besetzt, der bereits unter kleinen Stößen abblätterte; die Fahrräder, fest zusammengestellt, fühlten sich sonderbar mager an, ausgezehrt, schwindsüchtig; Gulaschkanonen, in gespenstischer Linie, mit heruntergeklappten Rohren, standen wie zu einer makabren Inspektion da: wo waren die Männer, für die sie kochen sollten? An welchen Küsten hatte es geschehen sollen, in welchen Ländern? Wo hatte man ihnen entgegengewartet? In den leuchtenden Birkenwäldern Litauens? Am grünen Hang eines norwegischen Fjords? Unter der sengenden Sonne von Derna?

Hinrichs trieb über die Gulaschkanonen hinweg, er untersuchte den ganzen Laderaum und bewegte sich dann wieder zum Leck zurück, das die Bombe gerissen hatte. Er maß mit den Händen und überschlug und schätzte die Größe des Lecks, und als er es, ohne tasten zu müssen, in seiner Form und Eigenart vor sich sah, tauchte er auf.

Die beiden Taucher, die vor ihm unten gewesen waren, erwarteten ihn auf dem Prahm. Auch der Chef war auf dem Prahm, er war an Bord gekommen, während Hinrichs unten am Wrack arbeitete. Und sie stellten sich um ihn herum, und der Chef gab ihm eine Zigarette und fragte:

»Wann können wir anfangen mit der Sprengung, was meinst du?«

»Ich kann mir denken, daß wir den Dampfer ganz heben können!«

Der Chef wechselte mit den beiden Tauchern einen Blick. Er gab Hinrichs Feuer und sagte:

»Es ist ein verdammt großes Leck.«

»Ja«, sagte Hinrichs.

»Wie willst du das Leck abdichten?« fragte einer der Taucher. »So ein Patsch können wir gar nicht auftreiben. Ein Patsch zum Abdichten für solch ein Leck müssen wir erst machen lassen.«

»Das kostet eine Stange Geld«, sagte der Chef.

»Ich weiß«, sagte Hinrichs. »Aber wenn wir sprengen, haben wir nur Salat, und wir können wochenlang die einzelnen Teile rausfischen. Das gleicht sich aus.«

»Verschrottet wird der Dampfer auf jeden Fall«, sagte der Chef.

Hinrichs sah die beiden Taucher an, es waren nicht mehr ganz junge Männer, Männer mit offenen Gesichtern und harten, aufgesprungenen Händen. Sie hatten eine bedächtige Art des Zuhörens und eine ebenso bedächtige Art des Sprechens, und wenn ihnen ein Gedanke durch den Kopf ging, konnte man das auf Schiffslänge an diesen Gesichtern erkennen. Sie überlegten beide, was Hinrichs gesagt hatte, und dann meinte einer von ihnen:

»Es wäre zu machen, wenn wir ein Patsch hätten. Dann ginge alles leichter. Aber so ein Ding findest du nicht im ganzen Hafen. Du mußt ein Leck abdichten, das nochmal so groß ist wie meine Laube, vielleicht noch größer. Und das Patsch muß sehr fest draufsitzen, wenn wir den Dampfer leerpumpen wollen.«

»Das glaube ich auch«, sagte der Chef.

»Vielleicht brauchen wir ein Patsch gar nicht machen zu lassen«, sagte Hinrichs. »Ich habe auf der Werft einen alten Schiffsboden gesehen. Den könnte man dafür gebrauchen. Wir fieren den Schiffsboden einfach runter und befestigen ihn vierkant vor dem Leck. Ein besseres Patsch können wir nicht finden.«

»Das hält nicht dicht«, sagte einer der Taucher.

»Das hält«, sagte Hinrichs. »Wir müssen zwischen der Schiffswand und dem Patsch nur ein Polster anbringen. Wir müssen es zusätzlich abdichten, dann hält es.«

»Und wie willst du den Schiffsboden vor dem Leck festmachen?«

»Wie immer«, sagte Hinrichs. »Wir ziehen das Patsch mit dem Polster durch Schrauben an, solange, bis es dicht auf der Schiffswand sitzt. Wir können außerdem zum Abdichten noch Holz und Segeltuch nehmen.«

»Das wäre gut«, sagte der Chef. »Wie sich das anhört, klingt das alles sehr gut. Vielleicht sollten wir es mal versuchen. Es wäre eine der größten Sachen, die wir gemacht haben, und wenn es klappt, könnte es uns enorm weiterbringen. Ich hab das noch nie gehört. Das wäre wirklich sehr gut. Was meint ihr?«

»Ich weiß nicht«, sagte der eine Taucher. Der andere hob in seiner Unentschiedenheit die Schultern.

»Gut«, sagte der Chef, »ich muß jetzt rüber. Du kannst

mitkommen, wenn du willst, Hinrichs, wir können uns den Schiffsboden mal ansehen, ob er taugt für ein Patsch. Ich muß jetzt rüber zur Werft.«

Hinrichs hängte den Taucheranzug auf und nahm sein Zeug und kletterte in das neue Boot des Chefs hinunter. Das Boot roch nach frischem Firnis, es war breitbordig und hatte einen wulstigen Stoßfender am Bug, und es zog gut durch die kleinen, unberechenbaren Wellenschläge im Hafen. Der Chef hatte den Außenbordmotor bereits angeworfen, und Hinrichs hatte sich kaum auf die mittlere Ducht gesetzt, da legte er ab und steuerte stehend auf den Ausgang des Hafenbeckens zu.

»Hinrichs«, sagte er, »wenn wir das mit dem Patsch schaffen, sind wir ein großes Stück weiter.«

»Mal sehen«, sagte Hinrichs.

»Ich hab das doch schon mal gehört«, sagte der Chef. »Irgend jemand wollte schon mal einen Schiffsboden als Patsch verwenden. Jetzt fällt mir das ein. Ich glaube, es war der alte Bieleck.«

»Man kann es versuchen«, sagte Hinrichs.

»Kanntest du den alten Bieleck?«

»Nein. Aber ich hab jetzt den Anzug, in dem er zuletzt gearbeitet hat.«

»Er war der älteste Meister in der Firma«, sagte der Chef.

Ein schwedischer Fruchtdampfer kam vorbei, schneeweiß, mit grün abgesetzten Aufbauten; ohne Schlepperhilfe lief er den Strom hinauf, kraftvolle Schönheit, ein Wunder von einem Schiff. An Deck war kaum jemand zu sehen, und das Schiff zog fast geräuschlos durch die Fahrrinne, leuchtend wie ein Gletscher.

»Ein Schwede«, sagte Hinrichs.

»Ja«, sagte der Chef. »Wir gehen auch bald da rauf. Aber

es hat sich noch verzögert. Ich wollte eigentlich schon in der nächsten Woche rauf mit einem Vorkommando. Aber vierzehn Tage wird es noch dauern.«

»Die Leute stehn doch schon fest?«

»Ja«, sagte der Chef, »aber es dauert seine Zeit mit den Papieren. Zuerst wollten wir alles im Kontor fertig machen lassen, das wäre am schnellsten gegangen. Aber sie wollten, daß wir ihnen die Papiere ins Amt hinüberschicken. Wahrscheinlich braucht man beim Stempeln seine Ruhe.«

Der Chef wandte sich um, er blickte den Strom hinab, blickte durch die qualmende, tuckernde, sirenenzerrissene Geschäftigkeit, und dann sagte er:

»Kannst du sie erkennen? Ich glaube, sie sind schon weg. Sie haben eure Badebarkasse schon gehoben. Siehst du was?«

»Nein«, sagte Hinrichs.

»Dann sind sie schon zu Hause«, sagte der Chef.

»Wie geht es Kuddl?« fragte Hinrichs.

»Nicht schlecht. Sein Kiefer ist etwas geschwollen, und er hat etwas Fieber. Er wird nicht lange zu Hause bleiben. Seine Alten versorgen ihn gut. Ich war vorhin bei ihm.«

»Ich geh vielleicht heute abend hin«, sagte Hinrichs.

»Tu das«, sagte der Chef.

Der gleichgültige, ungehetzte Klang von Glocken kam von einer nahen Kirche über den Hafen herüber, strich friedlich über das Wasser und die Dalben und die Spieren der Schiffe. Und Hinrichs dachte daran, wie er ohne Anzug und Helm, mit einem Tampen an der Hüfte, noch einmal unter die treibende und allmählich sinkende Barkasse getaucht war, er dachte an die schwarze Sekunde, da er im abnehmenden Luftraum der gekenterten Barkasse hochkam, den Namen des Jungen rief und, selbst als er keine Antwort erhielt, den Raum ausschwamm und nach ihm tastete. Er erinnerte sich auch, wie er im Augenblick, als er klamm und fertig das Fallreep wieder hinaufstieg, die Gewißheit hatte, daß Manfred irgendwo unter dem leichten Nebel schwamm und die Rufe hörte, aber nicht antwortete, und er erinnerte sich, wie er hinübergesehen hatte zur Kaimauer der verödeten Werft, als ob er mit Bestimmtheit gewußt hätte, daß der Junge nur dort sein könnte.

Der Chef fuhr jetzt dicht unter dem Fischereihafen entlang; der Hafen war vollbesetzt, und die Kutter mit dem mächtigen, hochgezogenen Bug lagen zu dritt nebeneinander. Die Netze hingen über das ganze Achterschiff, und unten an den Netzen baumelten die großen, grünen Glaskugeln: die Sonne fing sich in ihnen, spiegelte sich mit stechendem Glanz, der ganze Strom spiegelte sich scharf in ihnen, die jenseitigen Ufer, die Schiffe, die ein- und ausliefen, alles fing sich in den grünen Glaskugeln der Fischer, winzig und verzerrt schob es sich in den Rand der Kugeln, gewann Größe und Schärfe zur Mitte hin und glitt wieder klein hinaus.

Sie fuhren schweigend am Fischereihafen vorbei, kreuzten den Strom und blieben solange in den grünen Kugeln sichtbar, bis sie in den Seitenarm des Stromes hineindrehten, zur Werft.

Sie waren allein, der Seitenarm des Stromes war mit Schilf gesäumt, hier herrschte nicht die Geschäftigkeit des Hafens, seine wogende Bewegung, seine Unruhe. Als die Werft vor ihnen lag, stellte der Chef den Motor ab, das Boot glitt ruhig an den Landungssteg heran, und Hinrichs machte es fest.

»Komm«, sagte der Chef, »wir werden uns das Patsch mal ansehen. Ich glaube immer noch nicht daran, aber ein Blick schadet nichts.«

Und sie gingen am Ufer entlang bis zu einem Schrottplatz unter freiem Himmel. Die alten Schiffsteile, die hier lagen –

herausgeschweißte Stücke von Bordwänden, Schraubenwellen, Spanten und Teile von Steven –, waren durch ihr Gewicht in den weichen Boden eingesackt; sie waren sehr schwer und ohne Kran nicht zu bewegen, und hier hatte noch nie etwas gefehlt. Der Schiffsboden lag gleich neben dem Wasser, die Männer stellten sich auf ihn, standen breitbeinig da, wippten und maßen mit den Augen seine Größe.

»Was meinst du?« sagte der Chef.

»Wir sollten es versuchen«, sagte Hinrichs.

Ein Ruf drang zu ihnen herüber, jemand auf dem Werftplatz rief den Namen des Chefs. Sie konnten den Rufer stehen sehen, einen blonden Lehrling, der die Hände trichterförmig am Mund hielt.

»Ich muß weg«, sagte der Chef, »überleg mal, ob wir's versuchen sollen.«

Hinrichs setzte sich auf den Schiffsboden, er stützte die Hände auf und streckte die Beine aus. Er blickte über die Werft und den Seitenarm des Stromes hinauf bis zur dunstigen Erscheinung der großen Stadt hoch auf der Böschung. Und vor einem grünen Einschnitt, fern aber deutlich bis hierher, gewahrte er die sinnende Sandsteingestalt des Kanzlers, selbst als Denkmal noch ein Ausbund von Rechtschaffenheit, von mitleidloser Korrektheit, steinernem Trotz. Die Sonne schien, und Hinrichs schloß die Augen. Und er sah das Gesicht des Jungen auf sich zukommen, den taxierenden Spott in diesem Gesicht, den unablässigen Hochmut, und er sah durch das Gesicht hindurch den Jungen und sich selbst im Heck der Barkasse stehen, hörte das letzte Gespräch, vernahm noch einmal die vorsichtige Drohung. Er überlegte, was er getan hätte, wenn sie nicht gerammt worden wären, er versuchte, nachträglich etwas zu entscheiden, was nicht geschehen war, und er wußte, daß er etwas zu erwarten hatte: die Zukunft war verstellt und vom Schatten einer Drohung überdeckt, die noch größer wurde durch die Ungewißheit.

Hinrichs hörte einen Schritt hinter sich und drehte sich um, und dann erhob er sich plötzlich und stand da und sprach kein Wort: es war Lena, die gekommen war. Sie blickte ihn an, sie forschte in seinem Gesicht, und sie erkannte die Überraschung in ihm, die Verwunderung und aufflammende Unruhe, und dann, als ob sie zunächst seine Unruhe beseitigen müsse, sagte sie:

»Es ist nichts, Vater, nichts Besonderes.« Und da er schwieg: »Ich bin schon eine Zeit hier, ich habe auf dich gewartet. Ich wollte dich abholen, Vater.«

»Woher wußtest du, daß ich hier bin?« fragte Hinrichs.

»Ich wußte es nicht«, sagte Lena, »ich bin einfach hergekommen. Ich bin auch nicht mit der großen Fähre gefahren. Kannst du schon Schluß machen?«

»Was ist passiert, Lena?«

»Nichts Besonderes, Vater, wirklich nicht.«

Lena ging näher auf ihn zu. Sie trat auf den Schiffsboden und balancierte am Kiel entlang, bis sie bei ihm war.

Sie lächelte unsicher für einen Augenblick.

»Sind sie wieder dagewesen?« fragte Hinrichs.

Lena schüttelte den Kopf.

»Nein, Vater«, sagte sie, »nur er war da. Und ich hielt es nicht mehr aus und mußte zu dir.«

»Weißt du, wo er ist?«

»Nein. Er ging fort. Ich habe ihn nicht hereingelassen, und er ging wieder weg. Er wollte mich abholen, ich weiß nicht, wo er jetzt ist. Ich möchte es nie mehr wissen.«

»Und Timm?« sagte Hinrichs.

»Timm hat ihn beobachtet, wie er wegging. Manfred wollte, daß ich mit ihm gehe, aber ich konnte es nicht.«

»Ist er lange da gewesen?«

»Ich kann mich nicht mehr genau erinnern. Ich weiß nur, daß er nie mehr zu uns kommen wird. Er wird auch mich in Frieden lassen.«

»Hat er das gesagt?« fragte Hinrichs.

Lena antwortete nicht darauf. Sie setzte sich zu seinen Füßen auf den alten Schiffsboden hin und dachte mit ausdruckslosem Gesicht nach, und Hinrichs spürte, worüber sie nachdachte und was ihr keine Ruhe gegeben und sie hergetrieben hatte. Er fragte, und in seiner Stimme lag jetzt Gereiztheit und Erbitterung:

»Hoffentlich habt ihr über alles gesprochen? Hoffentlich habt ihr reinen Tisch gemacht mit der ganzen Welt, ja?«

»Ich muß dich etwas fragen, Vater.«

»Was willst du? Frag nur. Frag nur zu!«

Lena preßte die Hände zusammen und beugte sich nach vorn, und dann richtete sie sich überraschend auf und blickte Hinrichs ins Gesicht. Sie tat es fest und unerschrocken und in einer Weise, als habe sie für diesen Augenblick lange Kraft sammeln müssen, aber nun, da sie ihn vor sich stehen sah: groß, müde, und in schweigender Erwartung, nun gelang ihr nicht, was sie sich vorgenommen hatte.

Das Mädchen wandte sich ab. Und während er still neben ihr stand und sein Schatten über sie hinfiel, sagte Lena:

»Ich weiß, daß er gelogen hat. Es ist nicht wahr. Er hat es gesagt, weil ich nicht mitgehen wollte. Nicht wahr, Vater, du hast deine Papiere nicht gefälscht?«

Sie erhob sich rasch, sie nahm Hinrichs' Arm und drückte ihn gegen ihre Schläfe.

»Das sind keine Sachen für dich, Lena. Damit hast du dich nicht abzugeben.«

»Er hat uns gedroht, weil ich nicht mit ihm gegangen bin.«

»Reg dich nicht auf, Lena.«

»Er hat alles gelogen.«

»Nein«, sagte Hinrichs, und er hob ihr Gesicht auf und zwang sie, ihn anzublicken, »nein, Lena, er hat nicht gelogen. Was er sagte, ist wahr: ich habe zuerst mein Taucherbuch gefälscht. Ich habe mich jünger gemacht, als ich bin; das spielt keine Rolle, denn das Taucherbuch bleibt im Hafen, und ich wollte nichts anderes als Arbeit haben. Nur weil ich Arbeit wollte, habe ich das getan. Wenn du heute nicht jung bist und Zinsen garantierst mit deiner Jugend, dann bist du nicht viel wert, dann taugst du nur soviel wie das Zeug, das hier herumliegt, wie diese Wrackteile. Doch aus denen läßt sich wenigstens noch etwas Neues machen. Aber einen alten Arbeiter oder Angestellten kannst du nicht flüssig machen und umformen, der bleibt, was er ist. Es gibt heute ein gewisses Alter, wo du es dir nicht leisten kannst, arbeitslos zu werden. Du würdest nie etwas wiederfinden, denn mit einem Alten, den man neu einstellt, will sich niemand belasten. Ich habe sie kennengelernt, als ich unterwegs war, und ich habe sie auch reden hören, Leute aus allen Berufen. Sie haben alle noch ihre Wünsche, sie wollen alle noch eine Menge tun, aber die meisten von ihnen bekommen keine Gelegenheit dazu. Und ich hab mir diese Gelegenheit einfach genommen: ich habe mich ein paar Jahre jünger gemacht, ich habe mein Taucherbuch gefälscht, und auf einmal ging es. Und weil ich die Arbeit nicht gleich wieder loswerden wollte, habe ich auch in den andern Sachen mein Geburtsdatum ändern müssen. Ja, Lena, das ist die Wahrheit! Keine angenehme Wahrheit, nicht wahr?

Aber geh mal zu einem Mann und sag ihm, daß er zum alten Eisen gehört, und dann schau in sein Gesicht. Ein Mann hat immer etwas vor, und du kannst ihm vieles sagen, nur das nicht. Und was ich vorhabe, und für wen ich das getan habe, das weißt du.«

Lena hatte ihn angesehen während der ganzen Zeit, da er sprach. Sie hielt immer noch seinen Arm, aber ihr Griff war lockerer geworden. Und nun zog sie ihre Hände zurück und wandte sich um und blickte zur Wiese hinüber und über das flache, trostlose Land neben dem Strom. Sie legte eine Hand auf ihre Brust, sie schwieg.

Und in ihr Schweigen hinein erfolgte der Anruf des Chefs, der von der Werft herüberkam. Er begrüßte Lena und nickte ihr zu, und dann legte er Hinrichs die Hand auf die Schulter und sagte:

»Ich hab mir alles überlegt. Es ist eine unerhörte Sache, die du vorhast, eine sehr gute Idee, Hinrichs. Das meinen jetzt auch die andern. Von mir aus können wir anfangen.«

»Mit diesem Schiffsboden können wir das ganze Leck ab-dichten«, sagte Hinrichs, »ich habe ihn mir angesehen, und er ist gut als Patsch.«

»Das spart uns eine Menge Geld und auch Zeit«, sagte der Chef, »und vor allem bekommen wir ein paar Leute frei.«

»Für Schweden?« fragte Hinrichs.

»Nein, für den U-Boot-Bunker. Da liegen noch Boote drin, und eben habe ich den Auftrag perfekt gemacht, daß wir sie rausholen. Der Bunker ist gesprengt, und wir müssen mit soviel Gefühl rangehen wie beim Aalestechen. Aber es lohnt sich. – Du machst deine Sache mit dem Patsch, Hinrichs. Das ist wirklich eine sehr gute Idee. Und jetzt würde ich Schluß machen an deiner Stelle.«

»Ja«, sagte Hinrichs, »für heute bin ich auch fertig.«

Der Chef gab Lena die Hand.

»Hat mich gefreut«, sagte er. »Auf Wiedersehen!«

»Auf Wiedersehen«, sagte Lena.

Egon Iversen gab Hinrichs die Hand und schlug ihm auf die Schulter und ging mit kurzen Schritten am Ufer entlang zur Taucherwerft zurück.

»Kommst du mit, Lena?«

»Ja, Vater.«

»Ich kann aber noch nicht nach Haus«, sagte Hinrichs. »Ich wollte noch bei Kuddl vorbei. Er liegt im Bett, und ich muß mal nach ihm sehen.«

»Ist ihm etwas geschehen?«

»Nicht so schlimm. Er hat Fieber und geschwollene Kiefer. Ich will nur kurz bei ihm reinschaun, und dann fahren wir nach Hause.«

»Ja, Vater«, sagte das Mädchen.

Zuerst gingen sie wortlos nebeneinander her, und als sie in der Barkasse standen, die sie zur Stadt hinüberbrachte, nahm Lena leicht seinen Arm, und dann stiegen sie um in die Straßenbahn, und die Hand des Mädchens glitt am Arm des Mannes hinab, glitt in die Tasche der Joppe, und hier fand sie die andere Hand, groß, offen und schwer. Das Mädchen ergriff die große Hand und drückte sie und ließ sie nicht mehr los, bis sie an der Endstation aussteigen mußten.

Sie gingen auf der ausgewaschenen Böschung am Strom entlang. Sie gingen bis zu dem Haus zwischen den gestutzten Linden, und als sie anklopften, fiel Abenddämmerung über das Land, und die Schleppzüge auf dem Strom setzten die Positionslichter.

Kuddls Vater öffnete die Tür und führte sie in die vordere

Stube. Sie zündeten kein Licht an, sie begrüßten sich in der Dämmerung, und plötzlich standen Gläser auf dem Tisch, und der Alte goß von seinem selbstgemachten Johannisbeerwein ein.

»Wir sind nur auf einen Sprung gekommen«, sagte Hinrichs. »Wir wollen nicht lange bleiben, wir wollen nur mal sehen, wie es Kuddl geht.«

»Trinken wir erst einmal«, sagte der Alte und hob sein Glas.

»Ja«, sagte Hinrichs, »auf Kuddls Gesundheit.«

Die schwerhörige Frau auf dem Sofa fragte ihren Mann:

»Was hat er gesagt?«

»Auf Kuddls Gesundheit«, wiederholte der Alte.

»Ah«, sagte sie, »schön.«

Sie tranken aus und setzten die dicken, langstieligen Gläser auf den Tisch.

»Wie geht es ihm?« fragte Hinrichs.

»Sie können raufgehen«, sagte der Alte. »Gehn Sie nur, er wird sich freuen. Er liegt in der vorderen Kammer.«

Hinrichs und Lena stiegen die Treppe hinauf, tappten über den weiten Boden, auf dem Zwiebeln zum Trocknen lagen, Bohnen und Beutel mit Schafgarbe, und sie zogen die Köpfe ein und machten ihren Besuch. Kuddl war unrasiert und sein Gesicht gedunsen vom Schlaf, vom tiefen Schlaf eines kräftigen und sehr hart arbeitenden Mannes. Er bat Hinrichs, Licht zu machen, und der alte Taucher zündete eine Kerze an, die auf der fleckigen Marmorplatte des Waschtisches stand. Der Schein der Kerze lief flackernd die schräge Holzwand hinauf, lief über ihre Gesichter und Hände und ließ die Schatten ihrer Körper nicht zur Ruhe kommen. Der Hüne wehrte das Licht mit erhobener Hand ab und gab sich Mühe, Freude zu zeigen, aber seine Freude sah in dem geschwollenen Gesicht wie eine

Bedrohung aus. Lena stand neben der Tür, die Hände auf dem Rücken.

»Fein, daß ihr gekommen seid«, sagte Kuddl. »Ich freue mich sehr. Es geht schon etwas besser, und ich glaube, in zwei Tagen ist alles vorbei.«

»Du versäumst nichts, Kuddl. Du mußt erst wieder auf dem Damm sein.«

»Das hält keiner aus«, sagte der Hüne. »Das Rumliegen ist nichts für mich.«

»Manchmal müssen wir das.«

»Das Rumliegen macht einen Mann mehr fertig als die Arbeit. Ich habe einen gekannt, der hat fünfzig Wochen im Lazarett gelegen, und als sie ihn entließen, kippte er gleich um. Er mußte wieder ins Bett und hat sich den ganzen Rücken durchgelegen. Und wahrscheinlich liegt er heute noch. Wen das Liegen einmal hat, den läßt es nicht mehr hoch.«

»Du bist in zwei Tagen in Ordnung«, sagte Hinrichs.

»Ich will es hoffen«, sagte Kuddl.

Er zog die Decke bis an den Hals hinauf und schloß die Augen. Seine Lippen waren trocken. Sein Unterkiefer zitterte. Er fror und legte die Arme über der Brust zusammen. Dann öffnete er die Augen und sah Lena mit einem langen Blick an und sagte:

»Es ist kalt. Ihr könnt euch unten etwas zu trinken holen.«

»Danke«, sagte Hinrichs. »Wir haben schon etwas getrunken. Und wir können nicht sehr lange bleiben, Kuddl. Der Junge ist allein zu Haus.«

»Ich weiß, und ich freue mich sehr, daß ihr gekommen seid.«

»Unsere Barkasse haben sie schon rausgeholt.«

»Das ist gut«, sagte Kuddl, »dieser verdammte alte Eimer.«

»Bis übermorgen«, sagte Hinrichs.

»Bis übermorgen«, sagte Kuddl.

Sie verabschiedeten sich und traten hinaus auf den Boden, doch bevor sie noch an der Treppe waren, ging Lena zurück auf den schwachen Lichtschein, der unter der Kammertür hervordrang, ging noch einmal in die Kammer hinein und stellte sich ans Bett. Der Hüne war betroffen von ihrer Rückkehr, schob sich langsam hoch, richtete sich auf, und in seinem unrasierten Gesicht lag ein glückliches Staunen. Er zog seine Arme unter der Decke hervor, gespannt und erwartungsvoll, und das Mädchen lächelte, wie er es nie hatte lächeln sehen, ein Lächeln voll nachdenklicher Bezauberung.

Er streckte ihr unwillkürlich eine Hand entgegen, und Lena ergriff sie, und er spürte in derselben Sekunde einen winzigen, aber festen Druck auf der Innenfläche seiner Hand. Er zog die Hand gleich zurück, und als er sie öffnete, sah er die kupferne Münze darin liegen, die Münze mit dem Profil des kleinen Monarchen.

»Warum denn, Lena?« sagte er. »Warum bekomme ich sie zurück?«

»Es ist schöner«, sagte sie. »Wir wissen jetzt immer, wer die andere Münze hat. Und der Kaiser hat nur zwei Münzen verschenkt.«

Das Mädchen ging still hinaus, und der Mann betrachtete die Münze in seiner Hand, über die der flackernde Schein der Kerze lief. Er legte sich zurück, lag mit offenen Augen da, auf den kleinen Schritt lauschend, der auf der Treppe verklang, und er war sehr ruhig mit einem Mal und glaubte, nicht mehr zu frieren.

D ie Fähre der großen Hafenrundfahrt stoppte und drehte bei. Sie war viel beansprucht, sie war ständig voll besetzt, denn von überall her kamen die Zeitgenossen, um sich vom Abenteuer des Hafens beeindrucken zu lassen. Aus der Vorstadt kamen sie hierher, aus ferner Provinz, aus dem Ausland, und sie atmeten die Luft dieses Hafens, erstanden zu bürgerlichen Preisen einen Blick auf das bewegende Panorama und nahmen vom Oberdeck der Fähre zur Kenntnis, was sich mit Ferne und Traum verband. Ein Mann mit Handmikrophon erklärte den Traum, deutete mit der sparsamen Munterkeit der Ansässigen seine Erscheinungen: Wieviel Tonnen ein Schiff hatte, woher es kam und wohin es lief, wie lang es war und wie hoch folglich das Einkommen seines Kapitäns sein mußte.

Er nannte die Kapazität der Werften, nannte ruhmreiche Namen von vergessenen Schiffen, die einst zur Stammkundschaft dieses Hafens gehört hatten; er erklärte das Prinzip der Schwimmdocks und der Trockendocks und schilderte mit seiner sparsamen Munterkeit, was von einer Wracktonne zu halten sei und was vom Zollkreuzer, der mitten im Strom auf der Lauer lag.

Als die Fähre stoppte, beidrehte und langsam auf Gegenkurs ging, deutete er einen geborstenen Traum, und die Zeitgenossen, ein Hundezüchterverband aus dem Süden des Landes, blickten stumm zu den gigantischen Resten des U-Boot-Bunkers hinüber. Der Bunker lag am Ende eines schmalen Hafenbeckens, die mehrere Meter dicke Betondecke war in der Mitte eingestürzt, eine ungeheure Grabplatte, die alles tödlich in den Grund gedrückt hatte, was unter ihr lag: ein modernes Steinzeitgrab, ein düsteres Kerkerbett, das vom tobsüchtigen Walten der Geschichte zeugte. Und der Deuter des Hafens ermunterte seine Passagiere zu der Vorstellung, daß dieser Bunker seine eigene Pyramide sei, man brauche nicht gleich nach Ägypten zu fahren, der Hafen biete alles, und wer darauf aus sei, Grabdeckel zu lüften, dem stünde es frei, der Senat der Stadt habe bestimmt nichts dagegen. Ein erlösendes Schmunzeln zeigte sich auf den Gesichtern der Hundezüchter und ihrer Gattinnen, und während die Fähre der Hafenrundfahrt zurücklief, warfen sie einen letzten, ratlosen Blick auf den gesprengten Bunker, auf seine Größe, seine geborstene Macht. Und dabei sahen einige, die am Heck der Fähre saßen, wie drei Männer hinter einem Betonklotz hervorkamen, sehr junge Männer, die auf einer abschüssigen Bunkerplatte bis zum Wasser vorgingen und Aalschnüre überprüften. Sie taten es so lange, bis die Fähre verschwunden und die Mikrophonstimme nicht mehr zu hören war.

Manfred ließ als erster die Aalschnur fallen. Die Schnüre reichten fast bis zur Mitte des Hafenbeckens, sie hatten kleine Bleigewichte und waren mit drei Haken besetzt, und damit ein Aal nicht abzog mit der Schnur, war das Ende um einen Betonklotz gewickelt.

»Die Fähre ist weg«, sagte Manfred.

»Ich glaube, bei mir ist einer dran«, sagte ein Junge. »Ich fühle ganz deutlich, wie er schlägt. Er hat sich festgebissen.«

»Dann laß ihn weiterbeißen«, sagte Manfred. »Wir haben jetzt keine Zeit dafür. Wir müssen anfangen.«

Die andern ließen jetzt auch die Aalschnüre los, und sie setzten sich auf die warme Bunkerplatte.

»Da drin liegen die Dinger«, sagte Manfred, »wir müssen von vorn reinschwimmen, durch den Eingang. Wir kriegen die Eisentür nicht auf.«

»Keine gemütliche Vorstellung«, sagte einer der Jungen.

»Wenn wir rankommen, haben wir ausgesorgt«, sagte Manfred.

»Ich habe mir die Boote schon angesehen. Es ist nicht so schwer. Wenn wir an die Batterien rankommen, hat jeder seine zehntausend Mark. Und das werden wir schon schaffen. Erst einmal aber müssen wir rein.«

»Sollen wir nicht noch warten?« sagte ein Junge.

»Worauf?« fragte Manfred. »Ich habe alles bereitgelegt. Je früher wir anfangen, desto besser. Ich werde die Konservenbüchsen hübsch aufsprengen, und ihr braucht nur den Flaschenzug zu bedienen. Es ist alles da. Sogar eine Karre steht noch unten rum. Komm, Kleiner.«

Er nickte einem schmalbrüstigen Jungen zu, sah sich prüfend um und ließ sich langsam, an der Bunkerplatte hängend, ins Wasser hinab.

»Los, kommt!« rief er. »Macht schon!«

Wassertretend wartete er so lange vor der Bunkerplatte, bis der Kleine, der schmalbrüstige, blasse und blutarme Junge, sich ebenfalls hinabließ, und als auch Jupp neben ihm im Wasser war, schwammen sie, angetan mit Hemd und Hosen, auf die schwarze Öffnung des Bunkers zu. Sie brauchten die Köpfe nicht einzuziehen, obwohl Flut herrschte, sie kamen ohne Schwierigkeiten hindurch, und das Wasser schien kälter zu werden in der drückenden Finsternis des U-Boot-Bunkers, und sie achteten darauf, nah beieinander zu bleiben. Aus der eingestürzten Betondecke über der Bunkerzufahrt ragten gebogene Stützeisen heraus, sie mußten sich in Acht nehmen vor ihnen, sie konnten nur kurze Schwimmstöße machen, um nicht mit dem Gesicht auf eines der herabhängenden Stützeisen aufzutreffen. Sie schwammen in völliger Dunkelheit, und je weiter sie in die Tunneleinfahrt hineinkamen, desto schwieriger wurde das Schwimmen: große Holzplanken und Kisten versperrten ihnen den Weg, eine Anzahl von sanft rotierenden Tonnen, und immer wieder ragten gefährliche Stütz- und Bindeeisen aus dem Beton hervor. Sie schwammen jetzt mit kurzen Paddelschlägen wie Hunde vor einem steilen Ufer, und die Bewegung, die sie im Wasser hervorriefen, pflanzte sich fort bis zu den Tunnelwänden. Es gluckste und schwappte an ihnen empor, und das Keuchen der Jungen drang hinauf bis zur Decke des Tunnels und wurde hallend und hohl zurückgeworfen.

Und plötzlich schrie der Kleine auf, sein Schrei gellte durch den Tunnel, und dann war ein metallenes Rasseln zu hören und sein stoßweises Wimmern. Manfred schwamm zu ihm zurück, und auch Jupp stieß zu ihm, und sie fanden den Kleinen zitternd an einem herabhängenden Geschling von Bindeeisen hängend. Er hielt sich wimmernd darin fest, mit verzweifelter Kraftanstrengung; sein Oberkörper war halb aus dem Wasser heraus, und es hatte den Anschein, als wolle er an den Bindeeisen emporklettern.

»Nur ruhig, Kleiner«, sagte Manfred.

»Ich will raus«, sagte der Kleine, »aus diesem verdammten Wasser.«

»Hier kommst du nicht raus«, sagte Manfred.

»Du kannst neben mir schwimmen«, sagte Jupp. »Sei doch vernünftig, Kleiner, da vorn ist schon Licht. Das ist nur der

Tunnel, und im Bunker ist es wieder hell. Sei ganz ruhig und laß das Eisen los, wir schwimmen jetzt noch dichter zusammen.«

Der Kleine öffnete zögernd den Griff, er ließ das Geschling von Bindeeisen los, glitt ins Wasser zurück, und sie schwammen jetzt so, daß sie sich mit einer einzigen Bewegung erreichen konnten. Sie paddelten durch den Tunnel, bis sie das stumpfe Licht sahen, das durch Risse und Luftlöcher in den Bunker hineindrang, und Manfred schob während der ganzen Zeit ein Brett vor sich her, mit dem er schwimmend Hindernisse aufspürte und zur Seite drückte. Und dann erreichten sie den Bunker und kletterten an einer Eisenleiter zur Rampe empor.

Sie setzten sich auf eine Karre, sie atmeten schwer, sie drückten das nasse Zeug an den Rändern aus und blieben sitzen und starrten auf die Wirrnis und Verwüstung zu ihren Füßen.

Zwei Unterseeboote lagen unter der Rampe, eins war völlig unter Wasser, schräg, mit eingebeultem Turm, als habe eine Riesenfaust es gegen die Rampe geschleudert und hinabgedrückt; das andere, ein kleineres Boot, lag mit seinem ganzen Körper auf dem gesunkenen, waagerecht fast, so daß die Türme sich berührten. Die Boote waren außen kaum beschädigt, die Torpedoklappen geöffnet. Sie sahen von der Rampe wie die toten Augen eines ungeheuren Tieres aus. Auf einem der Türme setzte sich matt und schwach gegen das Grau das Symbol der Flottille ab: ein pausbäckiger, jovialer Neptun mit Dreizack, sein Dreizack war erhoben, schleuderbereit, gerichtet gegen jedermann, der auf der Rampe stand: ein jovialer Todbringer, der pausbäckige Souverän der Tiefe. Auf der Rampe war Ausrüstungsgut gestapelt, Öltonnen, Kisten, eiserne Behälter; Trossen lagen herum, einige hingen schlaff ins Wasser hinab, wo überall zwischen den Booten Bretterzeug, Kanister und Büchsen schwammen. Eine hohe, holzverkleidete Lauframpe auf der gegenüberliegenden Seite war aus den Fundamenten gerissen, sie hatte sich zur Wasserseite hin übergelegt und drohte, völlig umzustürzen. Und über all der Wirrnis und Verwüstung lag ein Geruch von Öl und faulendem Holz.

Der Kleine blickte auf die verschlossenen Eisentüren und sagte:

»Sind wir allein?«

»Ich hoffe es«, sagte Manfred.

»Ungestört wie im Grab«, sagte Jupp.

»Ich hol jetzt das Zeug«, sagte Manfred. »Ich hab schon alles hergebracht.«

Er erhob sich und holte hinter einem umgekippten Regal ein Paket hervor, in dem sich ein einfaches Tauchgerät befand. Es war ein Notgerät, wie U-Bootleute es verwenden, wenn sie gezwungen sind, unter Wasser auszusteigen. Und er schraubte sich eine zusätzliche Sauerstoffpatrone ein und befestigte das Tauchgerät über seiner Schulter.

»Es wird ausreichen«, sagte er. »Für diese Konserven langt es vollkommen.«

»Willst du gleich sprengen?« fragte der Kleine.

»Hast du Angst?«

»Ich frage nur.«

»Erst einmal wollen wir den Schaden besichtigen«, sagte Manfred. »Ihr könnt hier sitzenbleiben. Ihr werdet nicht viel haben von der Vorstellung, aber ihr könnt mir auch nicht viel helfen. Ich glaube, davon versteh ich mehr als ihr.«

»Vielleicht sollten wir den Flaschenzug klarmachen«, sagte Jupp.

»Das hat Zeit«, sagte Manfred. »Mag sein, daß wir noch

paarmal hierherkommen müssen. So schnell geht das alles nicht.«

»Mach's gut«, sagte der Kleine.

»Danke«, sagte Manfred und ging lachend zur Eisenleiter. Er stieg hinab, er arbeitete sich zwischen dem schwimmenden Bretterzeug hindurch, schiebend und stoßend, und er bahnte sich allmählich einen Weg zum Turm des freiliegenden Unterseebootes. Das Einstiegluk war geöffnet, er sah, daß Wasser im Boot stand, und er winkte einmal zur Rampe hinauf, setzte das Mundstück ein und verschwand.

»Hoffentlich geht alles gut«, sagte der Kleine.

»Warum nicht? Manfred versteht eine Menge davon, er ist selbst mal Taucher gewesen, und er weiß schon, was er zu machen hat.«

»Und wenn jemand kommt?«

»Wer soll kommen? Und wenn schon: die Boote gehören keinem. Hier hat niemand etwas zu sagen.«

»Und wie sollen wir die Batterien rausholen?«

»Mit dem Boot, Kleiner. Das machen wir bei Niedrigwasser. Das ist schon alles überlegt. Wenn es soweit ist, müssen wir uns nur einen Lastwagen mieten, und das wirst du besorgen, Kleiner.«

»Ich habe selbst gesehen, wie Männer hierher kamen.«

»Wir sind auch hier, Kleiner. Wer zuerst kommt, mahlt zuerst.«

»Und wenn Manfred sprengt?«

»Was dann? Dann sprengt er eben. Wenn es nötig ist, wird er es tun. Das ist eine sehr feine Sprengladung, und wenn sie hochgeht, wird die ganze Bude nicht gleich zusammenstürzen. Manfred versteht etwas davon; er hat die Sprengladung genau berechnet.«

»Und wenn man es hört?«

»Hör auf mit deinem Unken«, sagte Jupp. »Wir haben das alles besprochen, und du brauchst nur zu tun, was wir dir sagen. Wenn dir nichts daran liegt, kannst du nach Hause gehn.«

Sie beobachteten den schrägliegenden Turm des Unterseebootes, in dem Manfred verschwunden war. Sie dachten an ihn und überlegten, was er wohl entdecken würde in dem hochgeworfenen, wulstigen Leib des Bootes; sie erwarteten, einen Laut zu hören, ein Klopfen, ein Zeichen, das ihnen melden könnte, wo er sich gerade befand, doch im U-Boot blieb alles still. Und nach einer Weile erhoben sie sich von der Karre und traten an den Rand der Rampe.

»Vielleicht ist ihm etwas passiert«, sagte der Kleine.

»Das dauert immer so lange«, sagte Jupp. »Manfred muß sich alles genau ansehen. So ein U-Boot sieht nach nichts aus, wenn du über ihm stehst, und du kannst dir nicht vorstellen, daß da überhaupt einige Männer drin sitzen können. Aber wenn du runterkletterst, dann findest du eine Menge Platz, und du kannst dich beinahe verlaufen.«

»Soll ich eine Schraube auf den Turm werfen?«

»Wozu?«

»Vielleicht hört er das!«

»Manfred wird schon wissen, wann er Schluß machen muß. Er ist selbst Taucher gewesen an der Ostküste. Wir können ihm nichts sagen.«

Sie warteten und gingen auf und ab auf der Rampe, und dann hielten sie es nicht mehr aus und schleiften aus einer Nische den Flaschenzug heran. Sie befestigten den Flaschenzug an einem Eisenring im Betonboden. Sie zogen die Kette über der Rampe aus und legten sie straff hin. Und jetzt tauchte Manfred im Turm auf, stieg eilig auf den Rumpf des U-Bootes und bahnte sich energisch einen Weg durch das treibende, vollgesogene Bretterzeug, das ihn von der Leiter trennte. Erst auf der Rampe nahm er das Mundstück heraus, schob die Klarscheibe der Brille hoch und reckte und dehnte sich und sog die frische Luft ein.

»Was ist los«, sagte Jupp, »geht es nicht?«

»Laß ihn erstmal ausruhn«, sagte der Kleine.

»Es ist alles in Ordnung«, sagte Manfred. »Mir geht es gut. Aber das Boot ist leer, die Batterien sind alle raus. Die vor uns hier waren, haben nicht einmal gesprengt, sie haben die Batterien in Kleinarbeit durch den Turm gehievt. Das hätten wir auch gemacht, aber jetzt ist es zu spät. Wo nichts ist, kann man nichts holen.« Manfred nahm das Papier, in dem das Tauchgerät eingewickelt gewesen war, und er wischte sich das Gesicht von Ölspuren rein und das Haar und die Hände. Er setzte sich auf die Karre und rauchte, und die Jungen standen schweigend vor ihm.

»Das hätte ich mir denken können«, sagte Manfred. »Das ist genauso, als wenn du ein Armband auf die Straße legst, das man nur aufzuheben braucht. Das Boot liegt da wie auf dem Teller, man braucht nur Messer und Gabel anzusetzen.«

»Vielleicht das andere«, sagte Jupp, »das andere Boot liegt ganz unter Wasser, man kommt nicht so leicht ran. Wir könnten es mal mit dem andern Boot versuchen.«

»Willst du runter?« fragte Manfred. »Es ist, als ob du in Teer tauchst. Das schnürt dir die Brust zusammen, daß du dauernd um Hilfe rufen möchtest.«

»Ich verstehe zu wenig davon, Manfred. Das weißt du. Ohne dich könnten wir hier überhaupt nichts machen.«

»Und wenn das andere Boot auch leer ist?« sagte der Kleine.

»Wir können es versuchen«, sagte Jupp. »Was meinst du,

Manfred, sollen wir es nochmal beim andern U-Boot probieren? Es liegt unter Wasser.«

»Ich will es versuchen«, sagte Manfred. »Es ist das letzte, was wir noch machen, und wenn alles gut geht, haben wir ausgesorgt.«

Er warf die Zigarette fort, trat sie mit dem Fuß aus und stieg hinab, um das zweite Boot zu erkunden, das bis zum Rand des Turmes unter Wasser lag. Er hatte Mühe, in das Einstiegluk hineinzukommen, denn der Turm war dicht gegen die Wand der Rampe gedrückt worden, aber es gelang, und er tauchte diesmal, ohne zurückzuwinken. Hand über Hand zog er sich am Sehrohr hinab, tastete sich an gebündeltem Leitungsgestänge weiter, unentwegt schluckend, um den Druck auszugleichen. Die Schotten waren alle offen, und er erschauerte unter ihrer harten und eiskalten Berührung, wenn er dagegenstieß. Das Wasser wurde zähflüssig, er spürte, wie es seine Poren verschloß, und er wußte, daß er sich nicht lange aufhalten konnte im Innern des Rumpfes. In der Patrone war noch genug Sauerstoff, aber der Druck auf seinem Körper wurde furchtbar, und er hatte ein Gefühl, als werde er in Gummihäute geschnürt. Er kam in Versuchung, das Mundstück, durch das er den Sauerstoff aus der Patrone bezog, herauszureißen und fortzuschleudern, er hatte ein großes und panisches Bedürfnis nach reiner Tagluft, doch er dachte, daß er unfehlbar sterben würde, wenn er das Mundstück herausrisse, und er ließ es sitzen und biß mit den Zähnen fest auf die beiden Gummikanten.

Und dann gelangte er in den Batterieraum und stieß hinab und berührte die Batterien flüchtig mit der Hand. Er nahm sich nicht Zeit, sie abzutasten, ihre Unversehrtheit und Vollständigkeit zu prüfen – er berührte sie nur und drehte um und bewegte sich hastig zum Turm zurück. Und als er hochkam, blieb er auf dem Turmrand sitzen, er lehnte sich erschöpft gegen die schmierige, glatte Wand der Rampe, er atmete heftig, er streifte nicht einmal die Brille hoch, und über ihm knieten Jupp und der Kleine und sahen unruhig auf ihn hinab.

»Wir müssen ihn raufziehen«, flüsterte der Kleine, »er kann nicht mehr.«

»Hör auf«, sagte Jupp, »er braucht nur etwas Luft. Er kommt gleich zu sich. Wenn wir ihn raufziehn, geht er nicht mehr runter. Ein drittes Mal tut er es nicht.«

»Aber er kann nicht mehr«, sagte der Kleine.

»Geh nach Hause«, sagte Jupp, er machte eine wütende Handbewegung gegen ihn und wandte sich an Manfred und rief leise:

»Manfred? Alles in Ordnung? He, Manfred?«

Manfred blickte zu ihnen auf, sein Gesicht war ölverschmiert und glänzte, und er zitterte am ganzen Körper.

»Was ist, Manfred?« rief Jupp noch einmal.

»Es geht schon wieder«, sagte Manfred.

»Sind die Batterien da?«

»Ja, sie sind da.«

»Willst du gleich unten bleiben? Ich kann dir die Sprengladung runter reichen, und wenn alles zerlegt ist, brauchst du nur einzupicken, und wir ziehen das ganze Zeug rauf. Was meinst du, willst du gleich unten bleiben? Du kannst dich später genug ausruhn.«

»Holt die Sprengladung«, sagte Manfred, »ich bleibe unten.«

Die Sprengladung lag trocken zwischen zwei Brettern, der Junge deckte sie vorsichtig ab und reichte sie hinunter, und Manfred hielt sie eine lange Zeit gleichgültig in der Hand. Dann legte er sie quer über den Turm des Unterseebootes, kletterte durch das Einstiegluk und zog die Sprengladung nach, während Jupp die Kabelschnur über einen Zeigefinger laufen ließ und ständig Loses steckte.

»Hast du die Sprengladung besorgt?« fragte der Kleine.

»Nein«, sagte Jupp.

»Hoffentlich geht alles in Ordnung«, sagte der Kleine. Er blickte sich um, er sah prüfend die Rampe entlang und zu einem höher gelegenen Quergang hinauf und suchte nach einer guten Deckung. Vom Quergang führte ein Luftschacht durch die Bunkerwand nach draußen, er bemerkte einen spärlichen Schimmer von Licht dort oben, und er beschloß, an dieser Stelle Deckung zu nehmen während der Sprengung. Er war unempfindlich geworden gegen die Nässe seiner Kleidung, er fühlte nicht mehr das leichte Brennen seiner Augen, das durch die Ölspuren hervorgerufen wurde, er dachte nur noch an die Sprengung und an Manfred, der jetzt dabei war, sie vorzubereiten.

Er fragte:

»Wie will er das überhaupt machen? Gehen nicht die Batterien kaputt, wenn er sprengt? Ich kann mir das gar nicht vorstellen.«

»Das brauchst du auch nicht«, sagte Jupp und steckte mit sehr viel Aufmerksamkeit Kabelschnur nach. »Mit dieser niedlichen Sprengladung sollen die Batterien nur aus der Verankerung gelüftet werden, nicht mehr. Überlaß das alles nur Manfred, der weiß schon, was er zu tun hat.«

»Sicher«, sagte der Kleine, »Manfred weiß das schon«, und dabei blickte er hoch zum Luftschacht in der Bunkerwand, der ihm Deckung geben sollte.

»Schluß«, sagte Jupp, »er braucht kein Kabel mehr, er ist da. Jetzt kann es gleich losgehen, Kleiner. Wenn Manfred hochkommt, sind wir soweit.«

»Wird es sehr laut?«

»Nein, es wird nicht sehr laut. Eine Explosion unter Wasser ist nie sehr laut. Aber wenn du Angst hast, Kleiner, kannst du nach Hause gehn. Es ist noch Zeit.«

In diesem Augenblick tauchte Manfreds verzerrtes Gesicht im Turm auf. Er warf die Hände nach oben zum Rand. Er versuchte, sich hochzuziehen, aber er schien nicht frei zu kommen vom Einstiegluk. Seine Bewegungen wurden ungenau, er griff verzweifelt ins Leere; er sah mit der Taucherbrille und dem geringten Mundschlauch wie ein riesiges Insekt aus, das seinen Todeskampf kämpfte, immer wieder aufflammte in letzter Anstrengung, aber allmählich kraftloser wurde, besiegt von der Erschöpfung. Und während er im Turm kämpfte, bis zur Brust in stehendem, zähflüssigem Wasser, erfolgte die Explosion im Innern des Rumpfes: Jupp hatte sie ausgelöst. Und als sich das U-Boot unter dem plötzlichen Druck schüttelte und ein sehr starkes, dumpfes Dröhnen durch den Bunker lief, warf Manfred die Arme noch einmal hoch, der Luftschlauch löste sich aus seinem Mund, und mit dem aufschwappenden und zurückfallenden Wasser verschwand er unter der Oberfläche.

Der Kleine starrte erschrocken auf die leere Stelle im Turm, und dann lief er die Rampe entlang und zum Quergang hinauf; ohne auf Jupps kurze und drohende Befehle zu achten, warf er sich auf den Betonboden und kroch durch den Luftschacht bis zur Außenwand des Bunkers, wo er sich aus der Höhe eines Stockwerks fallen ließ und keuchend weiterlief über Trümmerbrocken bis zur neuen Zementstraße, die zum Ponton der Fähre führte. Er wandte sich nicht mehr um, und er sah auch nicht die Fähre der großen Hafenrundfahrt, die mit einer neuen Fracht von Zeitgenossen vor dem eingestürzten Tunnel des Bunkers stoppte und beidrehte.

Der Deuter der Hafengeheimnisse hatte sein Mikrophon in der Hand, und mit unermüdlicher Munterkeit forderte er auch die neuen Passagiere auf, sich die ägyptischen Pyramiden nicht wesentlich anders vorzustellen. Sie seien zwar spitz nach oben hin, sagte er, aber sonst glichen sie dem Bunker in vieler Hinsicht: beide zeugten von alter Macht, beide seien, als man sie baute, für eine kleine Ewigkeit entworfen worden, und in jenen wie in diesem habe es Särge gegeben und Plünderer dieser Särge. So biete der Hafen alles, sagte er, und wer darauf aus sei, Grabdeckel zu lüften, dem stünde es frei, der Senat habe nichts dagegen; wahrscheinlich werde er sogar froh sein. Und bei dieser Bemerkung zeigte sich auch auf den Gesichtern der neuen Passagiere ein erlösendes Schmunzeln, und sie blickten freier und ungehemmter auf die düstere und geborstene Bastion, die noch in ihrer Zerstörtheit Beklemmung und Schweigen hervorrief.

Sie nahmen den alten Schiffsboden als Patsch für das große Wrack, sie befestigten das Patsch durch große Schrauben über dem Leck und dichteten die Naht mit Werg und Segeltuch ab. Und dann setzten sie ein Dutzend Pumpen ein, um das Wrack vom Wasser zu befreien, und während die Pumpen arbeiteten, war ständig ein Taucher unten und kontrollierte, ob das Patsch mit seinem Polster dicht hielt. Der Taucher hatte einen Beutel mit Sägemehl bei sich und zog den Beutel an der Naht entlang, und wo das Sägemehl in das Innere des Wracks strömte, wurde nachgedichtet.

Hinrichs stand an der Pumpe, als sie das große Wrack hoben. Er war erkältet, und weil ein Taucher vorsichtig sein muß, wenn er erkältet ist, blieb er an Bord. Wenn man eine Erkältung hat und runtergeht, dann kann der Druck so schlimm werden, daß das Trommelfell platzt, und es nützt nicht viel, wenn man das Gesicht gegen das Helmfenster drückt und Schluckbewegungen macht und durch die Nase ausatmet. Hinrichs stand an der Pumpe mit Ohlsen zusammen, dem krummen Schiffszimmerer, der unablässig über die neumodischen Seeleute fluchte und über ihre neumodischen Schiffe, die ihm zu schnell waren und zu warm und zu bequem, und die er anknurrte, wenn sie auf dem Strom vorüberzogen. Er vergaß jedesmal die Pumpe und das Wrack, wenn die Aufbauten eines neuen Schiffes erschienen, und er hatte an allen eine Menge auszusetzen und fand immer etwas für seinen Ärger.

Sie hatten alles aus dem großen Wrack geborgen, die Lastautos, die Fahrräder und die Gulaschkanonen mit den heruntergeklappten Rohren, und jetzt arbeiteten die Pumpen, um das Wrack vom Wasser leerzumachen, und die Männer waren aufgeregt und standen und sahen auf das Wrack. Und das große Wrack hob sich empor, über und über verschlammt und verwaschen und mit langen Muscheltrauben bedeckt. Es war immer noch nicht sicher, daß das Wrack schwimmen würde mit dem Schiffsboden als Patsch, und als sich das Heck einmal überraschend sehr hoch aus dem Wasser heraushob, glaubten sie, das Wrack werde gleich wieder über den Bug auf Grund gehen; doch obwohl das Heck so weit herausragte, daß die beiden Schrauben und der obere Rand des Ruders zu sehen waren, sackte das Schiff nicht ab, und sie setzten sofort mehr Pumpen im Vorraum an, um gleichmäßig zu lenzen. Und das Wrack hielt sich.

Hinrichs merkte, wie manche zu ihm herübersahen in dem kritischen Augenblick, aber keiner kam zu ihm und redete mit ihm über die Lage des Wracks, das jetzt endgültig aufgeschwommen war. Es war das größte Wrack, das er in seinem Leben gehoben hatte, und es schwamm fremd und friedlich zwischen den beiden Hebeleichtern, den Barkassen und dem Prahm. Es lag da wie ein ganzes verlorenes und wiederaufgetauchtes Land, das mit seinem Erscheinen sein Schicksal mitgebracht hatte, sein Unglück und seine Rätsel, und es war ein trauriger und eindrucksvoller Tag.

Und dann kam einer der Taucher zu Hinrichs, der mit ihm unten gewesen war, um das Wrack zu erkunden. Der Taucher blieb hinter ihm stehen und wartete eine ganze Zeit, bevor er sagte:

»Der Kasten schwimmt. Ich hätte nicht gedacht, daß der noch schwimmt. Er sieht so aus, als hättest du ihm eine Schwimmblase eingezogen.«

»Ja«, sagte Hinrichs.

»Mit alten Schiffen kannst du eben mehr anstellen«, sagte der alte Ohlsen. »Wenn das eins von diesen Hotels mit Schrauben gewesen wäre, das hätte sich nicht so gehalten.«

»Wir hatten ziemlich viel Glück«, sagte Hinrichs.

»Und der Chef hat eine Stange Geld gespart durch dich«, sagte der Taucher. »Das war eine gute Idee mit dem Patsch.«

»Früher brauchten wir überhaupt keine Taucher im Hafen«, knurrte Ohlsen. »Aber früher gab es noch Schiffe und Seeleute.«

»Jedenfalls kann sich der Chef bei dir bedanken«, sagte der Taucher. »Wenn wir den Dampfer gesprengt hätten, hätten wir wochenlang hier herumgelegen.«

»So ist es leichter für uns alle«, sagte Hinrichs.

Ein Motorboot kam in sehr schneller Fahrt heran, stoppte unter dem Prahm, aber machte nicht fest. Das Motorboot gehörte zum Kommando, das hinausgefahren war zum gesprengten Bunker, um die Bergung der Unterseeboote vorzubereiten. Ein Mann in geflicktem Overall bediente den Motor, und ein anderer Mann saß auf der Ducht im Bug, und zwischen ihnen, auf den Grätings, lag etwas Schmales, Längliches, das mit einer Persenning bedeckt war.

Der Mann im Overall winkte hinauf, und als er Hinrichs entdeckte, rief er:

»Der Chef will dich sprechen, gleich. Komm, steig ein.«

»Wo ist er?« rief Hinrichs.

»Wir sollen dich abholen«, rief der Mann im Overall.

Hinrichs holte seine Sachen aus dem Schapp und sprang in das Motorboot.

»Vorsichtig«, sagte der Mann im Bug. »Bleib hier sitzen.«

»Was will der Alte?« fragte Hinrichs.

Der Mann im Bug zuckte mit den Achseln. Sie nahmen Fahrt auf und drehten in rauschendem Bogen um das große, schwimmende Wrack und zur Ausfahrt des Hafenbeckens. Hinrichs blickte auf die graue, an einigen Stellen weißgewaschene Persenning hinab, und er sah sofort, was sich darunter verbarg: er sah die beiden Schuhe unter der Persenning hervorragen, abgetretene Slipschuhe, deren Leder stumpf und farblos geworden war durch den Einfluß von Wasser; er sah die Andeutung der Knie und die Andeutung des Körpers, wie die Persenning sie freigab, und auf einer Seite erblickte er die starre, sehr blasse und leicht verkrampfte Hand, die unter dem Tuch hervorgerutscht war und vom Vibrieren des Bootes ergriffen wurde. Und obwohl er schon jetzt wußte, wer vor ihm lag unter der Persenning, wandte er sich an den Mann im Bug und sagte leise:

»Wer ist das? Wo habt ihr ihn rausgefischt?«

»Er lag im Bunker«, sagte der Mann, »im Turm eines U-Bootes. Er muß schon eine ganze Zeit gelegen haben.«

»Allein?« fragte Hinrichs.

»Ja, ganz allein. Ich kenne ihn nicht. Aber der Chef kennt ihn.«

Der Mann bückte sich und schlug die Persenning ein Stück zurück, so daß das Gesicht des Toten zu sehen war. Das Gesicht war blaß und ein wenig gedunsen und von den Schläfen herab bis zum Hals mit Ölspuren bedeckt. Auch in seinem Haar schimmerten Ölspuren.

»Er wollte ein U-Boot ausräumen«, sagte der Mann im Bug. »Er hatte noch sein Tauchgerät um. Da, mit diesem Ding da wollte er das Boot ausräumen.«

»Manfred«, sagte Hinrichs.

»Kennst du ihn?«

»Ja, ich kenne ihn sogar sehr gut. Ich kannte ihn von Jugend auf.«

»Er hat Pech gehabt«, sagte der Mann im Bug. »Er war noch ziemlich jung.«

»Er hat sich zuviel zugetraut«, sagte Hinrichs. »Mit einem Notgerät konnte er nicht tauchen.«

Der Mann deckte Manfreds Gesicht wieder zu und schob die verrutschte Hand unter die Persenning. Und Hinrichs starrte auf das Tuch hinab und dachte in einem Gefühl von Leere, von würgender Erbitterung: Bis hierher also, bis hierher ist es gekommen, und jetzt liegt er vor dir, und alles ist gleichgültig geworden. Und er hat seine Chancen gehabt, wie einer sie nur haben kann.

»Was war das für einer?« fragte der Mann im Bug. »Du kanntest ihn doch?«

»Er hatte noch allerhand zu lernen«, sagte Hinrichs.

»Wir liefern ihn bei der Hafenpolizei ab«, sagte der Mann, »der Chef hat schon telefoniert. Vielleicht will er etwas von dir wissen über den Jungen.«

Sie setzten Hinrichs bei der Werft ab, und er stand oben auf dem Landungssteg und beobachtete, wie sie wieder davonfuhren mit dem Jungen unter der Persenning. Und Hinrichs rückte vom Geländer des Stegs ab und nahm seine Mütze vom Kopf und hielt sie in beiden Händen. Er stand aufrecht und barhäuptig da, während das Motorboot den Seitenarm des Stromes hinablief, mit geradem Kurs, kleiner und undeutlicher

werdend zwischen den in der Ferne scheinbar zusammen-
laufenden Schilfgürteln, als führe es in eine andere Welt. Eine
Weile sah er noch die gebeugten Körper der Männer im Boot,
dann überdeckten sie sich, wurden zu schwarzen Punkten und
entschwanden. Doch bevor das Boot entschwand, öffnete der
alte Taucher die Lippen, und er sagte: »Gute Fahrt, Junge. Gute
Fahrt.« Er stand reglos unter dem abendlichen, tief hängenden
Hafenhimmel, er blickte über das flache Land zum Strom hinüber, und er war gefaßt in seinem Herzen.

Hinrichs setzte die Mütze auf, er drehte sich um, er ging über
den Werftplatz. Der Platz war leer, niemand arbeitete hier, und
Hinrichs ging auf das rote Backsteinhaus zu, in dem der Chef
auf ihn wartete. Er dachte nicht an das, was der Chef ihn fragen
könnte, er dachte an keine Antworten, die er geben würde, er
legte sich nichts zurecht.

Der Chef öffnete ihm die Tür und gab ihm die Hand, als er
eintrat. Er bot Hinrichs einen Stuhl an, und in diesem Angebot
lag Mitleid.

»Komm«, sagte er, »setz dich. Ich habe ihnen auch nachgese-
hen, wie sie wegfuhren. Ich stand die ganze Zeit am Fenster.«

»Ich kann nicht viel sagen zu der ganzen Geschichte«, sagte
Hinrichs.

»Da ist auch nicht viel zu sagen. Trinkst du einen Schnaps?«

»Nein«, sagte Hinrichs, »danke.«

Der Chef senkte den Kopf. Unter der Narbe pulste es stark.
Er zog die Stirn zusammen, und es war etwas in seinem Gesicht, als ob er Schmerzen hätte. Und jetzt blickte er auf und
sagte:

»Das war eine sehr gute Sache mit dem Patsch. Wir haben
viel gelernt dabei, und du hast uns ein ganzes Stück weiter-
gebracht. Wirklich, Hinrichs.«

»Wir hatten Glück, Chef.«

»Es war nicht nur Glück. Mit Glück wäre der Kasten nicht aufgeschwommen. Ich kann dir nur gratulieren.«

»Ist das alles, Chef?«

»Nein, Hinrichs. Das ist noch nicht alles.«

Der Chef erhob sich und ging um den Tisch herum, und dann blieb er unmittelbar vor dem alten Taucher stehen und sagte:

»Hinrichs, Menschenskind, Hinrichs. Das hättest du dir überlegen müssen. Du bist doch ein Mann mit Erfahrung; du bist doch kein Anfänger mehr, der glaubt, was im Augenblick hilft, das reicht aus. Du hättest dir das alles überlegen müssen.«

Hinrichs blickte schweigend vor sich hin, mit der Gefaßtheit, die er empfunden hatte, als er dem davonfahrenden Boot nachsah: und vor seinem Auge verwischte sich das Dunkelgrün des Ledermantels, den der Chef trug, hob sich wie ein Vorhang, gab ein Land frei, eine blendende Steilküste im Osten. Hinrichs sah auf einmal den kleinen, sauberen Hafen unter der Sonne liegen, den Hafen seiner Anfänge, seines Aufbruchs, er sah den eigenen Prahm vertäut an der Mole, das Haus hinter den Kiefern, den freien Himmel über der See, und als die Stimme des Chefs wieder hörbar wurde, glaubte er, es sei seine eigene Stimme, die da sprach:

»Es tut mir leid, Hinrichs, all das ist mir nicht angenehm. Aber du hättest dir das vorher überlegen müssen. Ein Mann wie du muß wissen, daß er nicht weit kommt, wenn er nur an den Augenblick denkt. Im Augenblick machen wir unsere Rechnung, aber die Summe kommt später, Hinrichs. Es tut mir verdammt leid.«

Jetzt hob Hinrichs den Kopf und sah den Chef lange an und sagte:

»Sind die Papiere hier?«

»Nein«, sagte der Chef. »Sie haben die Papiere behalten. Sie wollen mit dir selbst reden. Du sollst morgen hinkommen, Hinrichs. Ich weiß nicht, was sie mit dir vorhaben, aber irgendwas haben sie vor. Ich hab mit ihnen gesprochen und wollte es etwas abbiegen, aber sie nehmen die Sache sehr ernst. Sie hatten schon alles weitergegeben. – Die Papiere sind ihr Heiligtum, und wenn du an ihrem Heiligtum kratzt, dann nehmen sie das sehr ernst. Ich glaube, sie wollen dir etwas anhängen, Hinrichs. Ich habe versucht, ruhige See zu machen für dich, aber es ist schwer.«

»Danke, Chef.«

»Du brauchst dich nicht zu bedanken, Hinrichs. Was ich tun kann für dich, das werde ich tun. Das tut mir alles verdammt leid. Ich hätte dich gern mit oben gehabt in Schweden. Ich hatte mir schon überlegt, ob ich dir nicht das ganze Kommando geben sollte. Aber jetzt kann ich nichts machen.«

»Ich wollte nur arbeiten«, sagte Hinrichs. »Ich wollte nur mal wieder dran sein; darum habe ich das alles gemacht.«

»Ich weiß«, sagte der Chef. »Ich wußte es die ganze Zeit, Hinrichs, aber ich hab nichts gesagt. Als ich das Bild in deinem Taucherbuch sah, damals auf dem Prahm, da hab ich's mir schon gedacht. Wenn man selbst alt wird, dann beginnt man sich für das Alter der andern zu interessieren. Aber jetzt kann ich nichts mehr machen. Ich werde im Kontor Bescheid sagen, daß sie dir noch die ganze Woche bezahlen. Sollen sie dir das Geld schicken?«

»Das ist egal«, sagte Hinrichs. »Jetzt kommt es nicht mehr darauf an.«

»Ich hoffe nur, daß alles gut ausgeht für dich. Daß sie dir nicht allzu viel anhängen wegen Urkundenfälschung. Mir ist nicht wohl dabei, glaub mir, aber ich kann nichts machen. Ich wünsche dir alles Gute.«

Hinrichs erhob sich. Er nahm seine Mütze vom Tisch. Er stand hoch aufgerichtet und unschlüssig da für einen Moment, und sein Gesicht war grau in der Dämmerung. Und er sagte:

»Dann werd ich gehen, Chef.«

Der Chef hob in ratlosem Bedauern die Arme und ließ sie wieder fallen.

»Was soll ich machen?« sagte er heiser. »Ich kann da nichts tun.«

»Sicher«, sagte Hinrichs, »da ist nicht viel zu tun.« Und nach einer kleinen Pause: »Ich möchte nur wissen, wem ich das zu verdanken hab, Chef. Das interessiert mich noch. Haben sie es von sich aus gemerkt? Oder hat man sie aufmerksam gemacht?«

»Ich hab mit dem gesprochen, der es gemerkt hat, Hinrichs. Es ist ein alter Mann, und er hat auch deine Sachen weitergegeben. Ich glaube, sie werden dich verklagen wegen Urkundenfälschung.«

»Das wollte ich nur wissen«, sagte Hinrichs.

»Du hättest früher dran denken müssen. Jetzt ist es zu spät.«

»Nein, Chef. Für mich ist es schon früher zu spät gewesen, nicht erst jetzt. Ich hab einen Fehler gemacht, und der bestand darin, daß ich alt wurde. Diesen Fehler kann man sich heute nur leisten, wenn man fest drin sitzt irgendwo. Aber wer alt ist, Chef, und neu anfangen will, der kann sich gleich zum alten Eisen werfen lassen. Das hätte ich mir überlegen müssen. Ich komme mir jetzt selbst vor wie das Wrack, das wir gehoben haben. Ich habe mir ein Patsch vorgesetzt, ich habe mein Alter fein abgedichtet und bin noch einmal aufgeschwommen. Ich hätte mir überlegen müssen, daß bei allem nur ein Schrottpreis drin ist, nicht mehr. Viel wichtiger aber noch als der Schrottpreis ist, daß das Wrack aus dem Hafenbecken verschwindet, damit neue Schiffe anlegen können. Es muß Platz gemacht werden, und das versteh ich, Chef. Das versteh ich alles. Da ist wirklich nicht viel zu machen. Leben Sie wohl, Chef.«

Hinrichs hatte leise gesprochen, ohne Bitterkeit, fast entschuldigend. Der Chef hatte den Kopf gesenkt, er schaute Hinrichs nicht mehr an; er blieb mit gesenktem Kopf stehen, während der alte Taucher nun hinaustrat unter den tiefhängenden Abendhimmel.

Er ging den Weg an den Wiesen entlang, auf denen sich feiner Nebel sammelte, er ging langsam, doch mit gleichbleibendem Schritt weiter bis zum Hafengebiet, auf einem Kai entlang, an dem mächtige Schiffe beladen wurden, unter baumelnden, quietschenden Lampen, und dann ließ er sich übersetzen über den Strom.

Auf dem großen Ponton, an dem die Fähren anlegten, wurde gehämmert: Arbeiter nahmen den pilzförmigen Stand auseinander, mit dem die Zeitung für Freundschaft unter den Bürgern geworben hatte. Die Kampagne für Nächstenliebe war vorbei; blonde Rechner, an denen es nicht fehlte in der reichen Stadt, waren schon dabei, Ausgaben und Gewinn zu vergleichen. Zu welchem Ergebnis würden sie kommen, welches Fazit verkünden?

Zwei Arbeiter trugen ein Stoffplakat vorbei, kippten es gegen die Wand der Imbißbude, schoben mit dem Fuß nach: DENK JEDEN ABEND ETWAS SCHÖNES. Teil für Teil wurde aus der pilzförmigen Hochburg des Herzens gelöst, Teil für Teil gegen die Imbißbude gekippt, eilig aber achtsam, haushälterisch – würden sie die Kampagne wiederholen? Die Fähre der großen Hafenrundfahrt brachte eine Gruppe junger Forsteleven an den Ponton zurück; sie hatten den Hirsch im Hafen gesehen, den weißen Hirsch der Träume und Illusionen, und sie gingen aufgeräumt an Land. Sie entdeckten die innige Parole, angeregt schlug das Herz der Forsthüter unterm Lodenmantel, sie standen gemeinsam vor dem Plakat und beschlossen, die Devise anzuwenden, drüben, in der Straße der heiteren Budiken. Sie zogen untergehakt an Hinrichs vorbei, auf Urlaub von Wild und Wald, Frohsinn mit grüner Mütze.

Hinrichs bahnte sich einen Weg zu seiner Fähre. Er trug die Hände in den Joppentaschen und ging ohne Eile. Er ging zwischen Arbeitern hindurch, die mit Aktentaschen, mit Holzbündeln und Rucksäcken auf ihre Motorboote warteten. Er ging unter ihren Blicken und Stimmen vorbei, vorbei an vollbesetzten Bänken, vorbei an Hafenbüros und Imbißstuben bis zur äußersten Spitze des Pontons, wo seine Fähre lag. Er ging an Bord, und die Fähre machte los und drehte in den bibelschwarzen Strom, und der alte Taucher sah in den Hafenabend. Lichter schnitten durch die Dunkelheit, grüne und weißgelbe Lichter, und von den Werften drang das wilde Knattern der Niethämmer herüber, sprühend zischten von den Schweißbrennern violette Funkenregen herab, Rufe ertönten, Rufe von Männern und Barkassen und seegehenden Schiffen, und große Schatten glitten vorbei. Und die Fähre schob sich davon und hinaus, entfernte sich von der tuckernden, schlingernden, winderfüllten Welt des Hafens, von seinen ölüberzogenen Wassern, von seinen Kais, Schuppen und Werften, von seinen Menschen und den sirenenzerrissenen Stunden. Der Hafen blieb zurück im Kielwasser, die Stadt blieb zurück mit ihrer hohen, unruhigen Helligkeit: die letzte Fähre mahlte schräg und gleichmäßig über den Strom, ein sanft schwankendes Lichterdreieck. Dann hielten sie kurz am Landungssteg, die schwere

Manila-Trosse fing die letzte Bewegung auf, und Hinrichs war der einzige, der von Bord ging. Er wartete, bis die Fähre ablegte, er starrte ihr nach, bis sie weit draußen war auf dem Strom, dann drehte er sich um und ging den Steg hinab. Und als er den Uferpfad betrat, erhob sich Timm aus dem feinen, kalten Sand. Der Junge stand barfuß und still da und ließ den Mann herankommen, und als er neben ihm war, nahm er seine Hand.

»Ich habe auf dich gewartet, Vater«, sagte Timm.

»Ja, Junge«, sagte der Mann.

»Ich möchte dich immer abholen, Vater.«

»Ja, mein Junge«, sagte der Mann, »ja.«

Und sie nahmen sich sehr fest bei der Hand und gingen schweigend den Sandhügel hinauf.

Siegfried Lenz
Heimatmuseum
Roman
800 Seiten, Taschenbuch
ISBN 978-3-455-00685-8
Hoffmann und Campe Verlag

Die dramatische Geschichte eines Heimatmuseums in Masuren
wird zum Kristallisationspunkt der großen politischen Entwick-
lungen von der Jahrhundertwende bis in die Nachkriegszeit:
»Heimatkunde als Weltkunde«. Zwischen politischer Verein-
nahmung und Selbstbehauptung entwickelt sich die Freundschaft zwischen dem Erzähler Zygmunt und seinem Antipoden
Conny: Der eine wird mit seinem Widerstand gegen völkische
Heimattümelei zum Hassobjekt der Rechten; der andere bemüht
sich, die Unabhängigkeit seines Museums zu bewahren – bis
schließlich Krieg, Vertreibung und der Aufbau einer neuen Exis-
tenz im Westen die Rollen umkehren und Zygmunt keinen anderen Weg mehr sieht, als sein Museum zu zerstören.

Siegfried Lenz
Deutschstunde
Roman
592 Seiten, Taschenbuch
ISBN 978-3-455-00948-4
Hoffmann und Campe Verlag

Siggi Jepsen, Insasse einer Anstalt für schwererziehbare Jugend-
liche, soll im Deutschunterricht einen Aufsatz über »Die Freu-
den der Pflicht« schreiben und gibt ein leeres Heft ab. Nicht,
dass ihm nichts dazu einfiele – das Thema ist ihm vertraut:
Sein Vater, der nördlichste Polizeiposten Deutschlands, war den
Pflichten seines Amtes so rückhaltlos ergeben, dass er nicht
zögerte, seinem Jugendfreund, dem international bekannten
Maler Nansen, das von den Nazis über ihn verhängte Malverbot
eigenhändig zu überbringen und dessen Einhaltung persönlich
zu überwachen. Siggi, zu dieser Zeit noch ein Kind, wird Zeuge
eines stillen, aber erbitterten Kampfes, und in der Erinnerung
wird sein Deutschaufsatz zum Lebensbericht, zum Versuch, sich
selbst zu begreifen.

Siegfried Lenz
Der Geist der Mirabelle
Geschichten aus Bollerup
96 Seiten, Taschenbuch
ISBN 978-3-455-00961-3
Hoffmann und Campe Verlag

In Bollerup, einem Dorf an der Ostsee, heißen nur wenige Leute anders als Feddersen. Um sich gelegentlich voneinander zu unterscheiden, haben sich die Einwohner Zusatznamen gegeben: die Kneifzange zum Beispiel, der Schinken-Peter, der Dorsch oder die Schildkröte. Man sieht, Bollerup hat seine Eigenheiten. Zu ihnen gehört zweifellos auch der selbstgebrannte Mirabellengeist. Er produziert seltsame, krummwüchsige Gedanken, aber auch erstaunliche Einfälle, er prägt sogar Charaktere. Und von ihnen erzählt Siegfried Lenz in diesen zwölf Geschichten und knüpft damit an seine berühmten Erzählungen aus Suleyken an.

Siegfried Lenz
Arnes Nachlaß
Roman
208 Seiten, Taschenbuch
ISBN 978-3-455-00684-1
Hoffmann und Campe Verlag

Arnes Nachlaß ist die Geschichte eines Jungen, der der Gegenwart nicht standhält. Und es ist ein psychologisches Mosaik, dessen Steine sich nach und nach zusammenfügen. »Sie beauftragten mich, Arnes Nachlaß einzupacken« – so beginnt Siegfried Lenz' Roman. Hans, der Ich-Erzähler sichtet die kleinen und großen Schätze, die Arne Hellmer, mit dem er zwei Jahre lang ein Zimmer teilte, zurückließ. Jener Arne Hellmer, den Hans' Eltern nach einem schrecklichen Unglück bei sich aufnahmen. Zwölf Jahre war Arne damals, dieser außergewöhnliche Junge, der finnische Vokabeln paukt, sich »Don Quichote« zum Geburtstag wünscht und Mühe hat, Freunde zu finden. »Wie ein Eindringling in seine Welt, seine Tränen, seine verborgenen Hoffnungen« sieht sich Hans und entfaltet, angeregt durch die Fundstücke des Nachlasses, Arnes Geschichte. Vor dem Hintergrund des Hamburger Hafens und seiner Werften gewinnt sein Leben nach und nach Kontur, und behutsam werden seine Geheimnisse ergründet.

Siegfried Lenz
Marvellas ganze Freude
Mit Illustrationen von Nikolaus Heidelbach
48 Seiten, Pappband
ISBN 978-3-455-40621-4
Hoffmann und Campe Verlag

**Eine wunderschöne Kindererzählung von dem großen Geschich-
tenerzähler Siegfried Lenz, illustriert von Nikolaus Heidelbach.**

Marvella frisst am liebsten zartes Gras, trinkt kühles Wasser
aus ihrem Bach und ruht sich im Schatten der Ulme aus, die
auf der großen Weide steht, die ganz allein ihr gehört. Sie ist
eine glückliche, gutmütige Schweizer Kuh – und die einzige Kuh,
die mit einem Güterzug befreundet, vielleicht sogar ein wenig
in ihn verliebt ist. Jeden Morgen und jeden Abend fährt er an
ihrer Wiese vorbei, und Marvella antwortet fröhlich muhend auf
das Pfeifen, mit dem sich die grün-silberne Lok ankündigt. Doch
nach einer stürmischen Nacht wartet sie vergeblich. Von Sehn-
sucht getrieben, nimmt Marvella all ihren Mut zusammen und
macht sich auf die Suche nach ihrem Zug. Und sie kommt gerade
noch rechtzeitig, um ein großes Unglück zu verhindern.

Siegfried Lenz
Das Wettangeln
Mit Illustrationen von Nikolaus Heidelbach
44 Seiten, Pappband
ISBN 978-3-455-40548-4
Hoffmann und Campe Verlag

Es ist ein besonderer Tag im kleinen Ort Thorshafen an der Ostsee: Das jährliche Wettangeln findet am See gleich hinter den
Deichen statt. Nur durch einen Zufall nimmt der Erzähler daran
teil und lernt Anja kennen. Gemeinsam angeln verbindet, macht
aber auch müde. Eine vom Schilf verdeckte Stelle lädt zum Aus-
ruhen ein, bis sich plötzlich die Angel strafft. Welcher Fisch hat
angebissen, vielleicht ein Hecht oder gar ein Wels, der Herrscher
des Sees? Am Ende des Tages feiern alle Thorsheimer gemeinsam: die Natur, das Leben, die Fische, das Meer und natürlich
die Liebe, wobei nicht verraten sein soll, wie die Lehrerin Frau
Laura es fertigbringt, zur Fischkönigin ernannt zu werden. Mit
dieser letzten Geschichte hat Siegfried Lenz seinen Lesern über
seinen Tod hinaus ein wunderbares Geschenk gemacht.

Siegfried Lenz
Die schönsten Liebesgeschichten
224 Seiten, Pappband
ISBN 978-3-455-00017-7
Hoffmann und Campe Verlag

»Love, Christian, is a warm bearing wave«, schreibt die Englisch-lehrerin Stella ihrem Schüler in Siegfried Lenz' Novelle *Schweige-minute*. Hinter diesem kurzen Satz auf einer Postkarte verbirgt sich eine erste Liebe, die tragisch endet und für Christian zur Lebensschule wird. Immer wieder, wenn auch auf den ersten Blick verdeckt, finden sich im Werk von Siegfried Lenz ergrei-fende und facettenreiche Geschichten über die Liebe: zärtlich-verschroben in masurischer Manier, aber auch schicksalhaft oder melancholisch. Dieser Band versammelt sie zum ersten Mal.